賽德克巴萊
SEEDIQ BALE
史實全紀錄

目錄 Contents

第二部　「霧社事件」史實全紀錄

目錄 Contents

第三部 「賽德克巴萊」文化理解

第四部　賽德克蹤跡探訪

附錄　霧社外傳

目錄 Contents

和平，來自對異族群的理解

推薦序——交大副教授　劉河北

因為《海角七號》，導演魏德聖聲名大噪；因為《賽德克·巴萊》的上映，霧社事件再次回到我們的眼前，用現代的科技重新搬演當年血淚交織的情景。

不論古今，不管何地，人類有一種天性——對非我族群出現排斥的情愫，也因此造就許許多多慘痛的歷史。地理大發現時期的異族殖民，世界大戰時的種族屠殺，直至今日，即使是高喊地球村的時代，也有所謂的恐怖攻擊事件。不是所有人都好戰、不渴望和平，然而不可理喻的種族優越感與強烈的敵我意識，促使自詡文明的人，卻做出最不文明的事。總有一天，受壓迫的民族會站起來，嘲諷地以武力證明「文明人」賦予其的「野蠻」標籤。

隨著賽德克族的正名、國片《賽德克·巴萊》加持，「霧社事件」從教科書的角落跳出來，大家開始注目這段歷史。事實上，翻開台灣的歷史，正如本書第一部所形容的「波瀾壯闊」，短短幾百年間經歷過不同種族的統治，每個時期都有所謂「統治者的高壓管理」以及「被統治者的群起反抗」，從郭懷一抗荷事件、鄭氏驅荷、林爽文事件、霧社事件，甚至近代的二二八事件，這當中不論是異族、同族，都不可避免地發生衝突。如今，我們在捧場國片之時，是否有認真了解這段歷史呢？你知道「霧社事件」的起因嗎？你明白「霧社事件」在國際間造成的影響嗎？你清楚「霧社事件」對現在有什麼樣的影響嗎？我想，在我們企盼著大同世界到來，努力朝向世界一家的地球村邁進之時，了解自我族群的社會文化與歷史，是人人可以做到的，並且是完成「和平」最重要、最基礎的能力。

一般我們所理解的霧社事件，多是漢人文化下的史觀。古往今來，歷史總是由勝者書寫，由勝者評價。我並不否認「強者史觀」的價值，但更認為應以強者史觀作為材料、基礎鋪路，發展各個族群的中心文化史觀。也因此本書特地由原住民的史觀出發，屏除過往漢人的思維邏輯，以賽德克族的觀點來探討霧社事件。我想這也是一個嶄新的突破，看了這麼多日人與漢人對此歷史事件的研究，我們是否也該關注當事人的說法呢？

當我們在檢視自己對生長的這塊土地有多少了解時，我強力推薦這本《賽德克巴萊——史實全紀錄》。雖然強調介紹霧社事件，但作者用心地為讀者作通盤思考，整理出了解「霧社事件」所需的全部資訊。篇首「波瀾壯闊台灣史」，雖不能說鉅細靡遺，卻將每個時期的台灣作了最精華的說明。而論述霧社事件時，更不忘以日人和原住民的互動為前導，作了前後歷史的延伸。尤其難得的是，作者蒐羅原住民二十二族的文化概要，即使有些文化已不存在於現今台灣社會，但同在一塊土地上祖先遺留的痕跡，仍待我們去挖掘。身為歷史教育工作者，我始終以引導學生「通盤知史」為理想，日夜努力。今日見此書問世，既是閱讀的歷史，又能作為實用工具書查找，頗感喜悅，宛若「天涯存知己」。

此外，作者並不想讓這本書變成死板的歷史研究書籍，第四部以及附錄令我眼前一亮。從霧社事件延伸出的史蹟探訪旅程，在作者的圖表整理、妙手一揮下，儼然形成一門完整且有趣的戶外考察課程。中國古代史學大師司馬遷年經時即「行萬里路」考察各地風俗，我深切期待所有讀者也能創造自己的「深度旅遊」，而不是只在景點拍照而已。

「究天人之際，通古今之變」是中國歷史學家一生追求的使命。史家所冀望的是，透過對歷史的通澈了解，能對人類提點出未來具體的前進方向。其實不論身分、職業為何，從事任何一項工作的你，都應該擁有此類對社會的「終極關懷」。期許此書能讓各位重新檢視台灣歷史，了解各族群的文化，並以包容的心重建對社會的關懷，願我們一起創造獨一無二的「台灣經驗」。

文史涵養格局，成就「真正的人」

忘卻歷史，形同文化失憶；沒有理解過去的歷練，將會喪失瞻仰未來的眼光。

在教育界多年，即使腦海經常充盈數形解法、邏輯運算，仍然不忘忙裡偷閒，徜徉在我熱愛的歷史研究中。夜深人靜時，書中文字像活起來似的：朝廷間上奏大臣的身影、奔逃山林的亡命者蹤跡、震耳欲聾的戰爭號角聲、捍衛生存權的示威抗議，一一躍出紙張急促地上演。這時，在我心中亟欲深究歷史事實的細胞，總是隱隱浮動。

過去的國小課本中，曾有歌頌「吳鳳」的原住民故事。文中的漢人官吏吳鳳，犧牲自己的生命，令原住民感動之際，從此革除「出草」習俗。此類傳說表面上洋溢著人類崇高悲壯的奉獻情操，背後實隱藏著貶抑原住民文化、高舉漢人文明的偏頗價值觀。強者剝奪弱勢者的生存空間甚至是文化解釋權，出現在歷史上各個時代，然而，一個國家是否真正文明，實則視其對少數族群的尊重程度。

近年來，社會急遽變遷，族群問題從伏流而湧躍上檯面，成為追求島內和諧首要面對的挑戰。被有心或無心之人操弄、同仇敵慨、一致向外的時代已經過去，寬容理解的時代氛圍已成為主流，唯有在此航線上駕馭新時代的戰船，才能集眾人之力，領導推進。

結合對時事的關心，我開始希望台灣人正確地理解台灣歷史。恭逢其盛，一段力爭族群尊嚴的大歷史——霧社事件於二〇一一年在大銀幕綻放。在觀眾感受聲光震撼的同時，我更熱切期待透過傳統的紙本文字，經由精心的時序編排與事件書寫，把波瀾壯闊的台灣歷史，完整地呈獻給讀者。電影能在緊湊的換幕、人物的行止與聲光幻影的交互作用中，短暫地攫住觀眾的情緒與思考，但唯有文字能產生連貫通透的理解，在腦海中建構出完整的格局，並在咀嚼文字之間，擁有更充裕的時間梳理自身觀點，反芻史實是非。

因牽連政治因素，台灣社會往往為了課綱問題辯論不斷，一方說我們承繼的是中國文化，中國史要多教一點；另一方說現已是一個國際化時代，世界史要多教一點。我想，不論實施的歷史教學內容為何，最重要的是要讓我們的孩子「喜愛歷史」。

台灣原住民賽德克族必須奉行某種特殊的儀式，成為賽德克巴萊（真正的人），身後才能順利跨越彩虹橋，無愧地謁見祖靈。而在我們每一個人的生命裡，是否也擁有無愧於一生的思維模式？在汲汲營營的一生中，究竟欲達到什麼樣的高度？創造何種程度的價值？能否也如同賽德克族一般，在逝後無愧地面對自身？

我認為，當我們對歷史的領會，已遠遠超越人名、事件、條約等名詞的堆砌，而能從閱讀中與反思中，逐步看清事件本質，擁有對文化價值的敏感度，我們的眼所觀、心所感，就不再是徒具利益的有形換算，而是心靈覓得依歸、未來日漸明確的自我人生路徑。

人類藉由重新寫史梳理過往思路，個人亦應持續閱讀擴充認知的心胸。本書竊乘時代之勢，希望帶領讀者重新思考文化的包容意象。盼以文史涵養豐沛的視野與格局，不囿於身分、族群的限制，皆能成就對得起自己的「賽德克巴萊」——真正的人。

王擎天　于台北上林苑

第一部

波瀾壯闊台灣史

第一章　史前時代的住民（～一六二四）

從地質上來說，「台灣」這座島嶼的出現，距今已有兩億多年。台灣島形成於兩次造山運動的板塊推擠，一次是兩千多萬年前的喜馬拉雅山造山運動，以及六百多萬年以前蓬萊造山運動。之後歷經地球最後一次冰河期——第四冰河期，因氣溫過低導致大量液體結冰，海平面下降，台灣與中國大陸之間的海溝遂露出海面，使得台灣島的陸地與歐亞大陸板塊連成一片。因此，躲避寒冷冰河期南下尋覓食物的人類，部分便由中國的華南遷往台灣，成為最早的先住民，創造出舊石器時代晚期的長濱文化。

距今約一萬年前，第四冰河期結束，海平面上升，台灣與歐亞大陸原來相連的地面被淹沒，至此，台灣成為一座孤島，除了原有的舊石器文明，亦開始接受自海上傳入的文化。約在七千年前，中國大陸東南的居民渡海來到台灣，將農耕、織布、陶藝製作等技術傳入，開啟了台灣的新石器時代。不久，島上原有的長濱文化便被此農業文明同化，至五千年前，長濱文化消失，大坌坑文化成為新石器時代早期台灣唯一的文化。有人認為，於台北八里大坌坑發現的文化，可能是南島語族的起源。新石器時代中晚期，陸續在各地發展出不同的文化，除了農業技術更加成熟，陶器也演變成為精美的彩陶、黑陶，人口的增加、社會階級的形成、戰爭行為的發生，皆成為新石器時代中晚期的文化特徵。

距今約二千年前，台灣進入鐵器時代（或稱金石並用期）。狩獵器具、農具以及各類製品逐漸被鐵製品取代，由於鐵器發達，石器與陶器的數量相對減少。鐵器時代的社會組織，向深山聚落推進，亦有與海外民族生意上的往來，活動範圍已拉大。而在文化方面，如幾何印紋、拔齒習俗，頗類似漢人來台前的高山族、平埔族文化，故此時期的祖先應與原住民有一定的關聯。

但有學者認為，原住民定居台灣以前，可能還有別的族群曾經在此定居過。日本學者移川子之藏曾經表示：「今日在台灣被視為原住民的諸民族之間，不乏證明存在更早期先住民族的口頭傳承。自史前時代起在本島即有近二十種先住民族。」

關於史前時代是否有其他先住民族存在，有人認為可在原住民各族群的口傳故事中尋找答案。如賽夏族傳說中，善於農耕的矮黑人（今日的尼格利陀人）常登門造訪，並與其互動，矮靈祭便是在矮黑人離開後，為求農耕豐收而舉行的祭典。其他族原住民也擁有與矮黑人比鄰而居的傳說。另外，有些深山遺址，因門戶低矮，被推測可能是原住民傳說中的矮黑人存在的證據。但是到目前為止，仍未有足夠的考古證據證明矮黑人確實存在。

台灣有兩千多處考古遺址

考古遺址即過去人類居住或活動地點，所留下的遺物和遺跡。考古學家利用科學的儀器和方法，研究當時人類所留下的遺物和遺址，復原當時人類的生活情形。由於遠古時代人類的工具，大多用石頭作成，因此稱其為「石器時代」。石器的製造，依據製造石器的技術又有新、舊石器時代之分。舊石器時代主要由敲打而成；新石器時代則為磨製。

台灣的考古學興起於日治時期，最早於一八九六年，日人粟野傳之丞在台北士林芝山發現一處史前遺址開始，此後挖掘的史前遺址遍布全台。戰後亦陸續發掘，目前的考古遺址已經超過兩千處。全台重要的考古遺址，現已列為古蹟維護地，「八仙洞遺址」、「大坌坑遺址」、「圓山遺址」、「卑南遺址」，屬於第一級古蹟；「十三行遺址」與「芝山岩遺址」為二級古蹟；「曲冰遺址」、「富世遺址」、「掃叭遺址」、「公埔遺址」、「都蘭遺址」等則列為第三級古蹟。大部分考古遺址為新石器時代遺址，當時人們已開始種植穀物、飼養家畜，並發明陶器，其中以大坌坑文化最具代表性。

表一　台灣著名古蹟與考古遺址

等級	考古遺址	地點	小計	總計
一級古蹟	八仙洞	台東縣	4	11
	大坌坑	新北市		
	圓山	台北市		
	卑南	台東市		
二級古蹟	十三行	新北市	2	
	芝山岩	台北市		
三級古蹟	曲冰	南投縣	5	
	富世	花蓮縣		
	掃叭	花蓮縣		
	公埔	花蓮縣		
	都蘭	台東縣		

五萬年前開始出現人煙

台灣的史前時代最早可溯自舊石器時代晚期的長濱文化。長濱文化的主人可能早於五萬年前便在島上活動了，一直到五千年前，才在大坌坑文化的同化下消失。長濱文化的遺跡在今日的台東縣長濱鄉八仙洞，推估其活動範圍在台灣的東部及南部，是台灣島上最古早的人類，但僅形成短期定居的小型聚落或隊群，使用最原始簡單的石器。近數十年來，考古學家陸續在全台各地挖掘到長濱遺址，但遲遲未發現人類遺骸。直到一九七〇年代才在兩位化石收藏家的陳列物中，發現兩片人類頭蓋遺骨，其生存年代皆在三萬至二萬年前，因是在左鎮發現的遺骨，故稱其為「左鎮人」。依照左鎮人的生存年代，應屬長濱文化的一支，但在遺骸發現地並未尋找到左鎮人的生活遺跡，而是發現大量的古代動物化石，因此推知左鎮人應是為了狩獵，追逐動物至今日的左鎮一帶。

相對於南部的長濱文化，舊石器時代的台灣北部，則擁有出現在西海岸丘陵台地的網形文化。網形文化存在的年代超越左鎮人，約於四萬七千年前，但今日已淹沒在苗栗三義的鯉魚潭底。台灣的舊石器時代約略與中國華南地區的舊石器時代相當，但延續得較久。至今在台的舊石器時代遺址不多，與稍後出現的新石器時代文化也不連繫，說明台灣新石器時代的主人並不是舊石器時代主人的後裔。

新石器時期遍布全台的文化遺跡

新石器時代以來的史前文化，是台灣南島語系民族的遺留。一般認為，南島語族在新石器時代由中國東南移入台灣。但亦有人認為，如果台灣原住民的祖先是在不同時間渡海來台的海洋民族，反之，也可能曾經飄洋出海，故台灣島可能為南島語族的發源地，並於距今五千年前開始由台灣島向大洋洲擴散。

推估新石器時代早期，距今約七千年至四千七百年，大坌坑文化自中國東南移入，遺址主要發現地在台北埤頭村的觀音山西北側山麓緩坡。大坌坑文化已出現聚落與農耕，從遺物推測，可能有以芋、薯為主的園藝式農作。但漁獵採集仍是其主要生產活動。製陶技術仍屬初期，因火候溫度不高，成品質地鬆軟易脆。由於陶器表面出現以繩紋壓印在胚胎上燒成的繩紋印，因此又稱「繩紋陶文化」。部分學者認為大坌坑文化的主人是台灣南島語族的祖先。以大坌坑文化為基礎，之後又發展出牛罵頭文化、牛稠子文化。

距今五千至四千年間，進入新石器時代中期，於今日台南仁德鄉牛稠子出現新的文化，稱為牛稠子文化。其陶器多為繩紋紅陶，上印有細繩紋。而石器則有繁多的種類，材料除砂岩、板岩外，更有來自澎湖的玄武岩、橄欖岩等，表示當時澎湖與台灣可能已有來往。牛稠子文化為長期徙居性聚落，農業已相當發達，有稻米、小米，並豢養家畜。

距今約四千年左右的芝山岩文化，是一九八一年在台北芝山岩遺址底層發現的，該文化層為貝塚，遺物甚豐。從遺址、遺物的分析，芝山岩文化屬小型聚落的性質，異於早期的大坌坑文化和同時或較晚的圓山文化。此文化除發現陶器、石器的遺物外，較值得注意的是骨角製尖狀器數量多，也有木器與木製裝飾品，以及草編、藤編、繩索等編織物。由此可知，芝山岩文化的居民過著漁撈、狩獵，以及種植稻米、蔬菜的生活。從彩陶、黑陶，以及使用慢輪整修陶器等技術觀察，其製陶業很發達。

圓山文化比較特殊，屬於較晚來台的文化。遺物中以玉製的玦、環、珮等飾品最具特色，形制與東海岸卑南文化遺址所發現的並無差別，故可推知同樣來自中國東南海岸。圓山文化遺址在台北盆地、新店、淡水及基隆河岸的台階地及其周圍的山丘，由日本學者伊能嘉矩所定名。圓山文化距今約三千至二千年前，石器種類與芝山岩文化不同。從墓葬中觀察，其埋葬方式為仰身直肢葬，並且從上顎骨觀察，推測其有拔齒風俗。與北部後來的十三行文化之屈肢葬，顯然不同。

台灣原住民的祖先——鐵器時期的文化

距今兩千五百年至一千年前，在台北八里鄉十三行、小基隆、台北市西新莊子、社子等地有十三行文化的人類活動。十三行文化人發明了煉鐵的技術，生產工具與武器因而有長足的進步。他們一般居住在河邊、湖邊或海邊，平日生活以農業為主，並輔以捕魚、打獵，以及採集貝類維生。從出土的遺址證明，十三行文化在石器的使用上已大幅減少，而其使用的陶器為幾何印紋陶，硬度較高，與清代北台灣平埔族所使用的器物十分相似，可能是噶瑪蘭人及馬賽人（凱達格蘭族一個分支）八里坌社的祖先。煉鐵作坊為其最大特色，遺址中除了鐵器，包括貝塚、玻璃手鐲、玻璃珠、瑪瑙珠、特製骨角器等，其中玻璃、瑪瑙等裝飾品，來自台灣島嶼以外的地方，說明他們的貿易往來遠及島外各地。

世界各地在進入鐵器時代的同時，通常也進入文字記載的歷史時代，但台灣的鐵器時代仍是缺乏歷史紀錄的史前時期。除了著名的十三行文化，台灣鐵器時代的代表文化還有西海岸中部的番仔園文化、西海岸南部的蔦松文化、東海岸的阿美文化（靜浦遺址）、以及恆春半島的龜山文化。考古學者認為，與蔦松文化關係密切的西拉雅文化也屬於台灣鐵器時代的文化。鐵器時代的鐵製品來源，以及他們與現代原住民的關係，一直是考古學家熱切關注的議題。

表二　史前台灣各地代表文化

地區＼時期（代表文化）	舊石器時代晚期	新石器時代早期	新石器時代中期	新石器時代晚期	鐵器時代
北部	網形	大坌坑	芝山岩	圓山	十三行
中部			牛罵頭	營埔	番仔園
南部	長濱		牛稠子	大湖	蔦松
東部			繩紋紅陶	卑南	靜浦

台灣史前文化與外來文化關係密切

台灣新石器時代文化與中國東南部的史前文化有不少相似之處，足以證明其關聯性。

如早期的紅陶文化類似江蘇的青蓮崗文化；南部較晚的灰陶、棕褐色陶器文化顯然與閩江曇石山文化出於同源；中部較晚的灰、黑陶文化的陶器特徵，與浙江良渚文化則有不少可比較的地方。至今，種植旱稻、以小米作為祭儀用品的習慣，仍存在於原住民排灣族、魯凱族等社會中。

此外，台灣史前文化也受中南半島青銅器、鐵器等金石並用文化的影響，而從菲律賓群島傳入的鐵器文化也左右其發展。此外，台灣原住民的缺齒、文身、口琴、卉服、織貝、腰機紡織、貫頭衣（一塊布中間挖洞以頭套之，垂於兩肩的衣服）、親族外婚、父子連名、年齡分級、老人政治、鳥占（以鳥的方位、鳴聲等來判斷吉凶）、獵首、靈魂崇拜、室內葬等特徵，都屬印度尼西亞古文化的特質。換言之，台灣的史前文化，其實兼受南方（南洋）與北方（中國大陸）文化的雙重影響。

第二章　地理大發現中崛起的台灣（一六二四～一六六二）

台灣史前時代與歷史時期的分界點，一般以一六二四年荷蘭人占領台灣南部後，因為這是台灣有文字的開始。當時的文字是傳教士以羅馬拼音書寫平埔族的語言，稱為新港文書。台灣曾被稱為「小琉求」、「東番」、「大員」，葡萄牙人稱之為「福爾摩沙」（即美麗之島），日本人則稱「高砂」、「高山國」。九世紀末的唐朝，已有漢人在澎湖活動。至宋代，移居澎湖的漢人開始到台灣從事貿易和短期定居。根據史料記載，元朝曾在澎湖設置巡檢司，不過從未積極治理。明初為防備倭寇和漢人海盜，實施海禁，將澎湖的居民遷回大陸。然而福建因山多人稠，居民多從事海上謀生的產業，因此澎湖並沒有因海禁而沒落。到了明朝中葉，澎湖更成為日本、中國東南沿海海商（海盜和走私者）突破「海禁」的據點，台灣本島則成為漢人捕魚、貿易、走私和海盜活動場所。因此，在十六世紀西班牙人進入亞洲海域時，位居東南亞至東北亞的交通要衝的台灣，已是東亞原有貿易網絡的重要區域。

荷蘭東印度公司在台殖民

十七世紀大航海時代開啟，東來的荷蘭人積極尋求與中國通商。一六〇二年，荷人在巴達維亞（今雅加達）建立東印度公司後，一六〇四年首度占領澎湖，被明朝沈有容逼退。一六二二年，荷蘭人再度占領澎湖，欲作為貿易據點。但此舉觸犯將澎湖視為其領土的明朝政府，故即派兵攻擊。經海商李旦斡旋，荷蘭人退出澎湖，一六二四年轉往大員（台灣安平），在大員建熱蘭遮城作為行政中心，並在赤崁建普羅民遮城。在台的行政屬於荷屬東印度公司管轄，最高負責人稱為長官，其上級是荷屬東印度群島的巴達維亞總督。荷蘭成為第一個統治台灣的近代國家。但荷蘭人實際上並未有效管理全台，僅統治六萬原住民、少數漢人及日本人。

荷蘭人的貿易對象，主要是中國大陸、日本和東南亞。他們向大陸購進生絲、絲綢、瓷器、藥材，加上台灣生產的鹿皮、蔗糖、稻米，輸往日本、波斯或歐洲。在台的平埔族以獵鹿為主要生計，因鹿皮是日本武士戰袍披肩的首要來源。據統計荷據時期，鹿皮輸往日本一年高達十五萬張。東印度公司在台灣的商館獲利極高，僅次於日本商館，而日本商館的利潤又來自台灣輸出的商品，無怪乎荷蘭總督曾說：「它（台灣）真是公司的一頭好乳牛。」

荷蘭人在政治上採高壓統治，曾對平埔族武力鎮壓（如麻豆社事件、蕭壠社事件），在派兵攻打原住民村社後，利用各社選出的長老統治，為其行使司法權。此外，任命基督教傳教士為行政官，以傳教士為老師，用羅馬字母拼寫平埔族新港社語言（新港文），以令原住民理解基督教禮儀、教義。荷人對漢人亦極為嚴峻，除不給予土地所有權、在經濟上採重稅盤剝，更限制集會等活動自由，禁止私藏武器、任意遷徒。荷人嚴苛實施「贌社制度」，漢人須向荷人繳納承包金後，才能至原住民地區進行交易，基本上，漢人被嚴禁私下與原住民往來。此外，娶原住民為妻的漢人被強迫改信基督教。由於嚴苛的統治手段，一六五二年爆發郭懷一抗荷事件。

郭懷一等人以鄭成功的軍隊將來台應援，邀集當時對荷蘭統治不滿的漢人，在九月七日的晚上集結民眾數千人，隔天進攻荷蘭人聚居較多的普羅民遮，殺死八名荷蘭人。位於大員（安平）的荷蘭治台總部立即派軍隊前來鎮壓，並徵集了數百名平埔族原住民，向聚集在赤崁的郭懷一進攻，殺死起事群眾約五百人。事件之後，荷人為了加強安全與控制，在普羅民遮街市附近建立一座城堡，稱為普羅民遮城，即今天赤崁樓的前身。

為提高生產力，荷人招募約三萬五千漢人來台開墾，為漢人移台第一波高潮。在荷人引導下，大量生產甘蔗、稻米，還引進豌豆（荷蘭豆）、釋迦、番茄（西紅柿）等新作物。明末清初中國動盪不安之際，移入台灣的漢人遂急遽增加。為提高農業生產力，荷人甚至興修水利、引進黃牛、設立專門機構繁殖牛隻。荷據時期，在台土地皆為直屬於荷蘭王的東印度公司所有，漢人以佃農向公司承租，由公司提供耕牛、農具、種子、水利設施。土地的管理採層層控制的方式，由數十小墾戶合作開墾，共推首領稱「小結首」，再由小結首共舉「大結首」向公司負責。荷蘭人在台開墾面積多達一萬二千多甲，至今土地面積仍以「甲」來計算，即是受其影響。而荷人將抽稅單位訂為「犁」，一張犁可耕五甲地。今日台南的六甲、台北的三張犁等地名，均與此制度有關。

西班牙短暫在台殖民

一五七一年，西班牙人東來占領呂宋（今菲律賓），作為其東方的貿易據點。一六二六年西班牙人占領雞籠（今基隆），兩年後進占滬尾（今淡水）、蛤仔灘（今宜蘭），勢力最大時涵蓋八里坌、北投、里族（今松山）、大浪泵（今大龍峒）等台北盆地各社。西人在雞籠建立聖薩爾瓦多城（今和平島），在滬尾建聖多明哥城，欲將台灣北部開發成為貿易中心，並以台灣北部作為赴日傳教、通商的據點。

然而，由於日本繼而施行鎖國政策，台灣中繼角色受挫，加上菲律賓南部發生伊斯蘭教教徒反抗事件，西人遂拆毀淡水的城堡，減少駐軍。一六四二年荷蘭進攻雞籠，結束西班牙在台的殖民。

表三　荷、西占領台灣比較

	荷蘭	西班牙
據點	巴達維亞（今雅加達）	呂宋（今菲律賓）
時期	一六二四～一六六二年（共三十八年）	一六二六～一六四二年（共十六年）
占領	大員（台南）	雞籠、滬尾、蛤仔灘
建城	熱蘭遮城、普羅民遮城	聖薩爾瓦多城、聖多明哥城
傳教	基督教（新教），傳教士創「新港語」	天主教（舊教），信教達四千人
驅離	被鄭成功驅逐	被荷蘭人驅離

第三章　鄭氏王朝在台灣（一六六二～一六八三）

明朝末年，漢人林道乾、林鳳等率眾到澎湖和台灣活動。這些到台灣本島活動的漢人與原住民貿易，且曾經聯合抵抗海盜。豐臣秀吉統一日本後，向海外擴張，明朝遂派軍進駐澎湖防備日本。因此原在澎湖、金門的走私貿易站和海盜據點，遂全數轉移至台灣本島，以雞籠（今基隆）、大員（今台南）和打狗（今高雄）為主。日本自一六三五年鎖國時期開始便不再來台，因此至十七世紀二〇年代，台灣已成為海盜顏思齊、鄭芝龍的大本營，他們還回鄉招募福建鄉親移至笨港（今雲林、嘉義一帶）墾殖。

鄭成功向明朝歸降後，更率眾返回福建，藉著官方身分，控制東亞海上貿易。鄭成功藉強大海上勢力，發展台灣、日本、東南亞等地貿易，並壟斷荷蘭取得中國商品的來源。鄭氏貿易對象主要分為東亞大陸與東北亞和東南亞各國，而負責這些貿易業務的即為「五商」。五商分為山路五商和海路五商：山路五商為金、木、水、火、土五行，設在杭州及其附近各地，收購各地特產輸往廈門；海路五商為仁、義、禮、智、信五行，設於廈門及其附近各地，將東亞大陸物資運輸東北亞和東南亞各國。五商不僅負責東亞大陸與外洋之貿易，而且擁有龐大的商船隊，負責運輸任務。

∞台灣第一個漢人政權

一六四〇年代，鄭氏父子主導福建海商集團，成為中國重要的海上勢力之一。鄭芝龍原為海盜李旦的手下，後接受明朝招安，成為官員，為明廷守備沿海，防止海盜、荷蘭人進攻。但明朝晚年，勢力逐漸衰敗，南明唐王雖拉攏鄭芝龍，並賜其子鄭森姓朱，名成功，但鄭芝龍見明朝局勢不利，便北上降清。其子鄭成功不願降清，便率部出海反清。清朝數度派鄭芝龍說服其子投降，成功不從，鄭芝龍一家遂被清廷處死。

一六五九年，鄭成功在北伐反清受挫之下，考量台灣原為鄭芝龍經營地，加上有可觀的貿易利益，便採納何斌建議，決定派鄭經留守金門、廈門，攻取台灣作為反清復明據點。一六六一年率兵自台南鹿耳門登陸，隔年攻下熱蘭遮城，荷蘭人被驅逐出台灣。鄭氏將該城改為「安平城」，即現今「安平古堡」名稱的由來。由於鄭氏王朝三代統治者均住居此城，因此又稱為「王城」。而西班牙人遺留下來的淡水聖多明哥城，則成為日後「紅毛城」前身。一六六二年，鄭氏在台建立第一個漢人政權，並首度將漢人典章制度正式移植台灣。

表四　淡水紅毛城的歷史

西元年	重要大事紀
一六二九	西班牙人在淡水建聖多明哥城。
一六四二	荷蘭人接收聖多明哥城，重建其城堡，為今日紅毛城的主體。
一六六二	鄭成功趕走荷蘭人，此城為明鄭所有。
一六八一	鄭克塽重修並駐軍此城。
一六八三	台灣歸清版圖，清朝並未長期駐兵於此，日久荒廢。
一七二四	淡水廳同知重修此城，增建圍牆和四座城門，殘蹟得以保存。

鄭成功將台灣稱為「東都」，設立一府二縣，一府為承天府（今台南），承天府以北設天興縣，以南設萬年縣，並於澎湖設安撫司，但鄭成功在台幾個月就去世，文教建樹有限。鄭成功死後，曾發生奪位紛爭，當時駐守廈門的鄭經，為了爭取己方勢力的支持，曾

對清帝康熙表示願加入清朝的朝貢體系，但鄭經要求保有濱海島嶼及閩南沿海四府，遭到清廷的拒絕。然而利用與清和談的停戰機會，鄭經順利進攻台灣，襲封延平郡王，成為鄭成功的繼任者。

鄭經繼位後，將「東都」改名為「東寧」，天興、萬年二縣改為州，增設南路和北路安撫司，負責處理原住民事務。在陳永華的輔佐下，一六六六年台灣首座孔廟建成於台南市，除在承天府設學院，地方也設立類似國子監的學院，以培養官僚人才。

賦稅制度

鄭氏王朝取代荷蘭東印度公司後，不僅接收荷蘭時代的「王田」作為官田，原有的重稅制度也一概繼承，故人民依舊受到重盤剝削。除了苛酷的地賦外，鄭成功另外制定了厝餉（房屋、豬舍、雞舍都要交稅）、磨餉、菜餉等，甚至不結婚的僧侶都要課稅，結婚的人則繳交「婚姻介紹稅」。至於荷蘭殖民時代的「人頭稅」，也被鄭成功保留下來。為了維持糧食的穩定生產，鄭氏採取寓兵於農的屯田制，墾殖地區以承天府和安平鎮附近為主，零星至淡水、基隆，南至恆春。今日台南的左鎮、高雄的左營等地名，皆與當年的軍屯有關。雖寓兵於農，但仍未解決缺量問題。為了能有更多農民，鄭氏政權共招徠十五至二十萬漢人來台墾殖，為漢人移民台灣第二波高峰。由於漢族移民常因入侵原住民土地而引起紛爭，此時開始建立「土牛」和「紅線」作為約束。

原住民的反鄭

大肚王為十七世紀平埔族巴布拉族的領袖，在當時的中台灣統治了十五至二十七個社，出入皆有人為他抬轎，連荷蘭人都敬畏三分，處心積慮與其維持友好關係。西元一六六一年中旬，明鄭帶了二千名士兵及三十名荷蘭俘虜出發到台灣島上的番社，想要試探大肚王是否有歸降之意。大肚王表面上提供鄭師士兵的索求，但暗中知會荷蘭俘虜將待鄭軍鬆懈後突襲鄭營。當夜發動攻擊，大肚王的將兵殺死千餘名鄭氏士兵。

這是台灣史上最早反抗外來政權的戰役。鄭成功被原住民打敗後，憤而遷怒荷蘭人，對其進行種種酷刑，包括把他們釘在十字架上，將懷孕的荷蘭婦女剁腹，取出胎兒洩恨等。而大肚王的族人也持續抵抗鄭軍，始終不願歸順明鄭。

早期歷史將鄭成功塑造為民族英雄，故這段在《熱蘭遮城日記》、《諸羅縣志》及

《苑裡志》裡的故事已被遺忘多年。事實上鄭成功進占台灣並未受到多大期待，因為語言與文化迥異，當時不只原住民，連在台的閩南人和客家人對鄭氏軍隊多充滿驚嚇與害怕。

而明鄭據台後，為了中國軍事需求而採取橫徵暴斂及血腥鎮壓的手段，亦引起沙轆社族人的反抗。鄭氏採「誅夷不遺赤子，並田疇盧舍廢之」的嚴厲鎮壓方式，導致沙轆社差點遭到鄭成功的軍隊滅族，當時只有六個人逃了出來，之後再返回原地繁衍後代子孫。但另一方面，鄭氏也傳授原住民農業技術，獎勵原住民兒童入鄉塾讀書。其中以來台流寓人士沈文光致力推動原住民教育，在羅漢門（高雄內門）最為著名。

施琅納台灣入清朝版圖

一六八一年鄭經及陳永華相繼去世，鄭氏王朝的重臣馮錫範聯合鄭經從弟等人發動政變，立年僅十二歲的鄭克塽為延平郡王。鄭克塽是鄭經次子，與其祖其父相較，沒什麼政治上的才能，加上年幼，便成為馮錫範等人的傀儡。兩年後，清朝水師提督施琅於澎湖海戰大破明鄭艦隊，攻占澎湖，明鄭軍主將劉國軒逃回台灣。馮錫範遂勸說鄭克塽投降清朝，至此鄭氏王朝覆滅，享國二十三年。

施琅原為鄭芝龍部將。鄭芝龍降清後，與其弟施顯投靠鄭成功。施琅善於用兵，屢建戰功，成為鄭成功手下一員大將。後因懲治一名部下與鄭成功起衝突，其父與弟為鄭成功所殺，施琅誓言報仇並改投清廷。投靠清朝後，清廷令施琅在沿海訓練水師，幾次進攻台灣，但因遇颱風而返。最後終於在一六八三年率軍攻陷台灣。

攻下台灣後，康熙皇帝認為鄭氏政權已除，又因此地位置偏狹，無足輕重，欲撤兵棄守；朝廷官員亦言保留台灣將耗費許多人力、物力，增加國家財政負擔，不如將漢人移民遷回中國大陸，解決反亂團體的威脅。施琅力排眾議，提出〈台灣棄留疏〉，力陳台灣為資源豐富、物產肥饒之區，加以形勢險要、位居要衝，若棄守將導致倭寇再起，荷蘭人、鄭氏餘黨亦將再度集結於此地，反而令邊疆不寧，因此力主務須在此設官治理。清廷最後接受他的建議，一六八四年設台灣府，隸屬福建省。但為了杜絕在台反清勢力的可能性，在施琅的建議下，康熙頒布三條渡台禁令，規定欲前往台灣者，必須先在原籍向官府申請，且不准攜帶家眷，來到台灣以後也不准把家屬接來居住。直到一八七五年（光緒元年）該禁令才在沈葆楨的建議下廢除。此外，清廷不信任台灣住民，故將與鄭氏政權相關的人士，以及在台無妻室、產業及犯罪者，皆遷回中國大陸。

第四章　從「天朝不管」到自強政績卓越的台灣（一六八四～一八九五）

清廷其實是基於國防上的考量將台灣納入版圖，故自接收台灣起，便採取「為防台而治台」的策略，從未積極治理台灣。為了避免叛亂者築城以對抗政府，在林爽文之役前，甚至不准台灣興建城垣。而中國歷代政府一向極為重視的水利建設與水害防治，清廷卻極少以公權力投注，都是靠來台墾殖者自行興築。此外，台灣多東西流向河流，交通上亟需要溝通南北的橋梁、道路，但清廷唯恐交通的順暢將增加叛亂發生的可能性，故極少修築橋梁。

此外，清廷頒布渡台禁令、限制來台人數；建立班兵制度，由福建「抽」調軍隊駐台，不直接全營輪調的用意，是為免士兵之間相互熟悉以生亂事。清廷更規定在台官員不得久任，以防其與地方勢力結合；並嚴格限制民間鐵器用品的取得，以防其製造、私藏武器。這些防範台人的措施，造成社會極大的不安。

但清帝也深知在台設置行政組織的必要，故一六八四年，初步在台建制一府三縣一廳，一府為台灣府，三縣為台灣縣（今台南市）、鳳山縣（今高屏地區）、諸羅縣（今台南以北），一廳為澎湖廳。康熙末年，發生朱一貴事件，故雍正即位後，增設彰化縣（原諸羅縣的虎尾溪、大甲溪流域）、淡水廳（大甲溪以北，廳治在新竹），成為一府四縣二廳的建制。十九世紀初，因居住在噶瑪蘭地區數萬名漢人移民常受海盜騷擾，故於一八一一年（嘉慶十六年）增設噶瑪蘭廳（宜蘭地區）。

清初消極治台政策導致的影響

清廷渡台禁令時弛時張，禁止移民攜眷來台，使得在台的漢人人口男多於女，部分移民與原住民通婚，造成「有唐山公，無唐山媽」之現象。不少壯丁無法娶妻生子，使得台灣養子風氣盛行；亦有部分移民無法充分就業，台灣因而出現大量游民，亦即所謂「羅漢腳」。羅漢腳隻身在台灣，舉目無親，常異姓結拜，互相照應，結拜之風氣盛行。因其無家室的顧忌，好勇鬥狠。這些來自中國東南沿海不同地區、祖籍不同的移民，在語言、文化的差異下，抵達台灣後面臨身分認同差異、經濟利害的衝突，使生存競爭日趨劇烈，因而常發生集體「分群械鬥」。

清代的台灣社會亦被稱為「三年一小反、五年一大反」民變迭起之地。根據保守估計，清廷統治台灣期間，發生大小民變有七十三次之多，其中有三次規模較大，被稱為清代台灣三大民變，分別是一七二一年（康熙六十年）的朱一貴事件、一七六八年（乾隆五十一年）的林爽文事件、一八六二年（同治元年）的戴潮春事件。探究台灣民變迭起的原因，消極治台政策導致駐台官吏腐敗，加上沉重的稅負，經濟之剝削，社會多浮浪之徒，「官逼民反」、抗官事件層出不窮。

表五　各地遷台之漢人移民

移民人數	漢人移民	在台居住地區	分布地區差異原因
最　多	泉州人	沿海地區	1. 來台先後次序不同。 2. 原有的耕作生活習慣不同。 3. 分群械鬥造成族群遷徙的結果。
次　多	漳州人	靠內陸的平原	
最　少	客家人	深入內部的鄰近丘陵山地	

表六　清代三大民變

名稱	發生時間	起因	意義
朱一貴事件	康熙六十年	官吏橫征暴斂	三次事件中，唯一閩、客合作抗官的事件。事後增設彰化縣、淡水廳。
林爽文事件	乾隆五十一年	聚眾械鬥被官府取締	與「天地會」的會黨有關，為清領時期，台灣規模最大民變。
戴潮春事件	同治元年	官府取締八卦會領袖引發	曾建立明朝官僚體系。

減輕財政負擔的班兵制度

為了鎮壓反抗勢力，清廷在收歸台灣為版圖後，編制總兵一名，下轄十個綠營部隊，合稱「台灣鎮」，駐防台灣本島、澎湖群島。台灣的綠營兵採班兵制度，其兵源不在台灣招募，而是從福建各營的士兵中抽調部分渡台，三年任滿後再返回福建本營，由另外的士兵輪換來台。

這個制度反映了清廷對台民的不信任，但背後更有財政的深遠考量。若在台灣招募新兵，勢必增加財政負擔；將福建既有的部隊派駐來台，又恐造成內地防務的漏洞。於是便採取「班兵」這種折衷措施。如此一來，只要從福建既有的十幾個營中，輪流抽調士兵來台，便能成軍。班兵制度雖然解決了財政困難，卻也造成許多問題。首先，從福建各營抽調來的士兵，彼此間語言、習慣不盡相同，造成訓練及稽查上種種不便。此外，為了避免同籍官兵聚集一處，可能發生的營兵仗勢欺凌百姓，甚至參與地方分群械鬥等弊病，不得不將各籍士兵分散駐防。而每三年換班一次的士兵，往返皆須面對福建與台灣間海上交通的風險，許多士兵任滿後根本沒有回到福建本營，而是滯留台灣，造成許多治安問題，以及吏治的腐敗。咸豐、同治年間以後，地方團練、鄉勇逐漸取代綠營，成為戰鬥的主力。台灣的防務也逐漸轉移到淮軍、湘軍等新制部隊手中。

清代的大小租戶與產業

清代的土地有番地、民有地、無主地三種。「番地」須向原住民承租，繳納給原住民「番大租」，但常有漢人以武力強占原住民土地。而「民有地」本為漢人所有。「無主

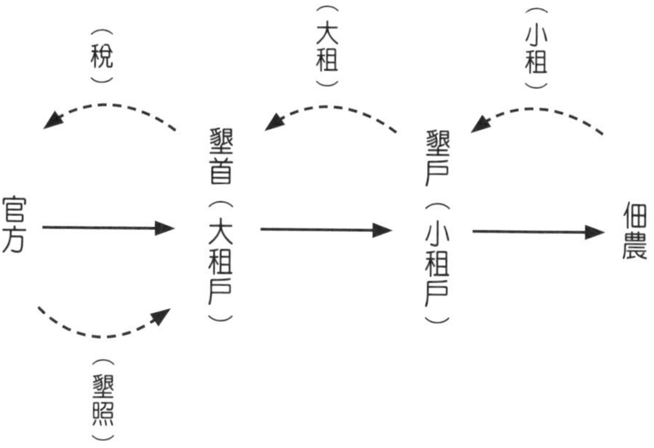

圖一　一田三主的土地型態

地」須向政府申請開墾許可執照，定期向政府納稅。

當時的農作需要投注可觀的資金，故大多採取合資方式來共同拓墾。一般而言，富豪或有力者的「墾首」（大租戶）向官府申請墾照，待官府核准後，招「墾佃」（小租戶）拓墾。故土地持有類型多為「一田二主」型。大租戶自身不從事實際農耕，只待收取稅款後，向官府繳稅。小租戶則從大租戶處獲取土地、耕牛、開鑿水圳權限，向墾戶繳「大租」。有時，小租戶取得土地的永久耕作權後，又再招「佃戶」開墾，佃戶須向小租戶繳納「小租」，如此一來，又成為一田三主制。如果這塊土地原本屬於番社所有，那就還要繳交部分租穀給原住民，這種租穀便稱為「番大租」。

清代台灣的氣候高溫多雨，土壤肥沃，極適合農業發展。當時在良好自然環境及社會條件下，主要的農作物，仍然是承續荷蘭及明鄭時期，以稻米和甘蔗為主。稻作以精耕細作的水田為主，而種植甘蔗則使旱地得到較充分的利用。此外也種植其他雜糧、蔬果之類。當時的墾殖者亦在中部鄰近「番界」的地區開採具有藥材、香料、殺蟲等用途的樟腦，並發展染布業，染布業與製糖業、樟腦業都是台灣重要手工業。

自資籌建的水利設施

發展以水稻和甘蔗為重心的農業需要豐沛水源，自古以來農業水源來自水潭、水陂和水圳。清領時期因漢人來台墾殖日眾，水潭和水陂已無法滿足需求，故在十八世紀陸續出現水圳的修築。最早築成的八堡圳位於彰化平原，由施世榜投資興築。康熙末年，施世榜繼承父業，成立墾號「施長齡」，拓墾彰化地區土地。康熙四十八年（一七〇九）施世榜開始興築八堡圳，前後歷時十年。八堡圳灌溉彰化平原當時十三堡半中八個堡的土地，共一萬九千餘甲，因此稱為「八堡圳」。

貓霧捒圳位於今台中市境內，為台中盆地最重要的水圳灌溉設施。雍正年間，張達京設「張振萬」墾號拓墾台中盆地，但灌溉水源不足，擬開鑿水圳，唯此處土地屬平埔族原住民所有。當時，岸裡社原住民亦因缺水導致作物歷年歉收。因此，岸裡等四社原住民乃與張達京商議，由張達京、陳周文、秦廷鑑、廖朝孔、江又金、姚德心六人組織「六館業戶」，合股出銀六千六百兩，引大甲溪水灌溉，水權分十四份，各館及岸裡社皆配水兩份，但岸裡社需割土地給「六館業戶」換水，稱為「割地換水」。這種合作、協力的方式，以原住民的立場來看是「割地換水」，站在漢人的角度上則是「供水換地」。

瑠公圳位於台北地區，係郭錫瑠所興築。又名青潭大圳或金合川圳。郭氏原居彰化，乾隆初年遷居台北。一七四〇年（乾隆五年），郭氏成立「金順興」墾號，至新店的青潭口開埤圳，全部工程至一七六五年始全部完成，灌溉今新店、木柵、景美、古亭、公館及台北市中心的土地，共一千二百餘甲。瑠公圳的興築使台北平原的農墾能順利進行，世人為紀念其功績，所以又稱此圳為「瑠公圳」。

曹公圳位於今高雄縣境內。為道光年間，鳳山知縣曹謹所築。分為曹公舊圳和曹公新圳兩大系統。曹公舊圳於一八三七年（道光十七年）興建，共築圳四十四條，引下淡水溪（今高屏溪）的水，灌溉今大樹、蔦松、鳳山、大寮、林園等鄉鎮及高雄市小港區的土地。一八六〇年（咸豐十年），鳳山地方仕紳感念曹謹，集資在鳳儀書院旁建立曹公祠，可見此圳對當地居民的助益。日治時期，台灣總督府頒布「公共埤圳原則」，規定凡具有公共利益的水圳，皆納為公物。曹公圳因此改為「公共埤圳曹公圳」。日本人並在舊圳水門北方增設新圳，再開鑿曹公圳大寮支圳，直到今天，曹公圳仍是大高雄地區最重要的水源之一。

表七　清領、日治時期所建圳道

設施名	水力	建成時間	主事者	特色
八堡圳	彰化濁水溪	清康熙年間	施世榜	清代台灣最大的水利工程。
貓霧捒圳	台中大甲溪	清雍正年間	張達京	與原住民岸裡社「割地換水」合作開墾。
瑠公圳	台北新店溪	清乾隆初年	郭錫瑠	克服橫越景美溪流的困難。
曹公圳	高雄高屏溪	清道光年間	曹　瑾	台南以南最大的水利灌溉措施。
嘉南大圳	曾文溪、濁水溪	西元一九三〇年	八田與一	台灣規模最大的農田水利措施。

商業活動與公會組織「郊」

清領時期，台灣再度成為國際貿易據點，以和中國大陸的貿易最為發達。清廷廣徵「正港」——合法的貿易口岸，與大陸進行進出口交易。康熙年間至乾隆中期，以台南鹿耳門（與廈門對航）為台灣唯一對中國大陸貿易口岸。鹿港（與福建蚶江對航）於乾隆四十九年開放，道光年間為全盛時期。在台北盆地不斷墾殖下，艋舺（即今萬華）興起，乾隆五十三年開放與福建五虎門對航，並於道光年間贏得「一府二鹿三艋舺」的地位。

十八世紀前半葉（康熙末年）起，商人便組織公會，名為行郊。「郊」為一行會組織，由貿易地區相同的商人或是從事同一類貨品貿易的商人聯合成立。早期成立的「郊」是以貿易所在之地理區域形成的組織，如台南的「北郊」、「南郊」及鹿港的「泉郊」、「廈郊」；後期的「郊」多以商品的類別形成同業組織，如糖郊、布郊。

郊行的工作為經營進出口貿易，自台灣出口的貨品為稻米、蔗糖、鹿皮和鹿脯，進口物品則為紡織品、藥材和日用品。再銷售商品給城鎮商品零售商（開設店鋪者）、販仔（中小批發商），由其販售給消費者。農村生產的米糖運至市鎮，供應市鎮消費的需求，同時轉運至港市，由郊商出口至中國大陸。

漢人的侵墾加速平埔族漢化

清廷治理台灣原住民，以是否歸附納稅為標準，劃分為「生番」、「熟番」。由於清廷兵力有限，只能納居住在平地的平埔族為熟番，高山族則非其能掌控，直到十九世紀後期開港通商後，才逐漸入侵山地。歸化的「熟番」必須繳稅、服勞役，繳稅有定額，勞役則頗為沉重，工作內容從遞送公文、建築營房、修築土牛溝、把守隘口，到採買鹿牛、隨官巡守地方等，事項甚繁因而影響到原住民的日常安居耕作。此外，由於平埔族勇士戰鬥力強，清廷在需要之時，也會招募其投入戰爭。如林爽文事件與太平天國之亂時，便曾招募蕭壠社（台南佳里）、岸裡社（台中神岡）的勇士協助平定。

隨著漢人移墾面積的擴大，逐步擠壓原住民生存空間，與漢人活動場域較為接近的平埔族，遭到侵奪的情形尤為嚴重。漢人常以欺騙的方式侵奪其土地，或以布帛、酒肉、鐵器等禮物交換土地；或利用借貸、租佃、買賣的方式；或與平埔族女子通婚，取得土地繼承權。丘陵地及山地不斷被漢人拓墾的情形下，原住民的生活空間日益縮小，勢必造成雙方的武裝衝突。

為降低雙方衝突的可能性，清廷遂於朱一貴事件後實施「封山禁令」，禁止漢人進入山區，乾隆年間又劃定「土牛紅線」作為漢、番界線，嚴禁漢人進入原住民地區，且不許漢人與原住民通婚。乾隆並採取「護番保產」的政策，禁止漢人承租、典買平埔族土地。然而土牛溝並無法阻止漢人侵墾荒地，清釐田地也無法阻止原住民土地繼續流失，漢人繼續透過借貸、武力等方式巧取豪奪其領地。以鹿為收入大宗的平埔族因鹿場被壓縮，經濟大受影響，又因須繳交重稅，而被迫典賣土地。結果，平埔族人逐漸與漢人同化，有的則遷徙他處。面對漢人移墾的衝擊，台灣西部的部分平埔族便往內山及東部集體遷徙，在遷徙過程中，除了平埔族群間的互相牽動外，也造成部分高山族群的遷移。

自強運動期間，清廷於一八八六年（光緒十二年）在台成立撫墾局，林維源為「幫辦全台撫墾大臣」，統籌局務。總局之下設立八個局，每個局底下有若干分局，配合屯隘兵勇，作招撫生番的善後工作。根據劉銘傳的報告，撫墾局招撫生番的成果輝煌，光緒十五年全台灣的「番社」都已經歸順。但清末對於原住民歸化與否的認定，是當部落與官府互不侵犯，便稱為「歸順」。實際上，官府並沒有實力統治「番社」。

原住民的撫化教育

清廷曾為原住民以及漢人辦社學。漢人的社學到嘉慶、道光以後，已變成士子會文結社、磨勵詩文的場所。原住民社學則一度盛行於清初，遍設於全台灣平埔族部落。但到了嘉慶年間（一七九六～一八二〇），不僅原住民社學逐漸廢弛，官場也弊端叢生。道光年間（一八二一～一八五〇）在平埔族急速漢化下，族人子女大多就近入漢人的義塾就讀，原住民社學制度遂告中斷。

一八六一年（咸豐十一年）開始的自強運動，延展到台灣已是光緒年間。在原住民教育方面，一八八六年創設「番學堂」，北部泰雅族二十名孩童第一批入學。番學堂仿照中國式的私塾，除了讀書識字，又教授官話及台灣話，以及生活起居等各項細節。一八九二年（光緒十八年）第一期學生畢業後，次年台灣巡撫邵友濂以財政困難、成效不彰等理由，裁撤番學堂。

清代規模最大的原住民反官事件

一七三一年（雍正九年），因淡水海防同知張弘章過度役使原住民，引起社民不滿。

隔年一月，大甲西社聯合呑霄社、苑裡社等「蓬山八社」社民一千多人，襲擊淡水海防同知衙門。清廷原以武力鎮壓，後則以懷柔政策進行招撫，給予每一位投降者布、鹽、米等獎勵。在條件的利誘下，各社陸續歸順，唯大甲西社強烈抵抗，直到最後才順服。

一七三二年年中，台灣道倪象楷之表親為求立功，強押已歸順之原住民，並謊報其為「作亂之生番」，引起原住民抗議。因官方處置不當，隨即引發第二次抗官行動。廣東總督特地調兵三千來台，加上採「以番制番」政策逐一擊破，各社土官才先後率眾投降。

加深漢原衝突之「郭百年事件」

一八一五年（嘉慶二十年），彰化縣漢人郭百年，連同黃林旺、陳大用、黃里仁等人假藉原住民的名義，取得政府所發開墾埔里社、水裡社的許可，接著率眾武裝侵墾埔里，而當地原住民毫不知情。郭百年等人開墾社仔社（今水里）墾地三百甲後，再到水裡社（今日月潭）墾地四百餘甲，到審鹿社（今魚池鄉新城村）開墾五百餘甲，三社原住民因勢力衰微不敢反抗。但進入埔里社築土城準備開墾時，卻遭到當地原住民的反抗。由於相持不下，郭百年等人改用欺騙手段，假稱收兵，但要求原住民獻鹿茸作為補償。原住民壯丁於是入山獵鹿，不料，郭等人卻乘壯丁不在，大肆焚殺老幼原住民，並侵占其領地，奪取包括原住民所有的馴牛數百隻、野牛數千隻，以及數百石小米、器物無數。更有甚者，乃挖掘原住民祖墳百餘座，以取得武器和陪葬品。奪得土地之後，郭百年等人興建土圍十三座、木城一座，並招集大批佃農前來開墾。

清廷獲報後未即辦理，二年後始查辦此事，但僅是敷衍式地拆毀審鹿土城，命漢人撤出埔里、水裡二社已墾耕地，並在今天的水里及國姓二地設立石碑禁止漢人入墾。禍首郭百年僅被判處責打及帶枷示眾之刑。其他人均獲判無罪，此即「郭百年事件」。此事加深漢原間的衝突，對歷史的影響極大。原住民水沙連六社因此傷亡損失慘重，人口銳減，尤以埔里社為最。之後，埔里的平埔族勢力大衰，無法再與四周的高山族原住民維持均勢，遂邀集西部平埔族遷入埔里開墾。

開港通商與進出口商品

鴉片戰爭前，台灣因位於東亞貿易航線上重要位置，加上盛產蔗糖、稻米等農產品可供外銷，故受到列強矚目。一八二七年（道光七年），英國人將鴉片銷售到台灣，交換台灣人私造的樟腦，此後台灣開始大量進口鴉片，吸食者日眾。一八五八年清廷與俄、美、英簽訂的《天津條約》中，將台灣府城（安平）設為通商口岸。隨後法國更要求開放滬尾（淡水），根據最惠國待遇，滬尾也對其他國對等開放。一八六二年，英國在淡水紅毛城建立稅關辦事處，正式開辦徵稅。一八六三年在英國強烈要求下，雞籠港（基隆）作為滬尾的子口，開港通商；隔年，原計畫作為安平子港的打狗港（旗津），先於安平以正口開港。一八六五年，安平才正式開港。自此，台灣北有雞籠、滬尾，南有安平、打狗，開始納入國際商業貿易體系。

安平、滬尾等四個港口開放之後，外商得以進入開放港埠進行貿易，各國紛紛設立海關與領事館，外商亦陸續在四港口設置洋行，作為外商貿易機構。自台灣正式開港至台灣割日前夕，各國在台灣設立的洋行有數十家，其中較著名的有怡和洋行、德記洋行、寶順行、東興洋行、美利士洋行等，其中以英國商人的勢力最大。由於外商擁有雄厚的資金，以及先進的交通、通訊設備和嚴密的商業組織，而且在中國擁有許多特權，中國商人難與之競爭，洋人遂掌控了台灣的貿易。在此貿易型態的改變下，原由「郊商」掌控的轉口貿易，轉變成「洋行」主導的國際貿易。

甲午戰爭前二十餘年間，台灣最大量的進口商品為鴉片，平均每年占進口總值一半，來源地是中國大陸、印度、土耳其；占進口總值第二位的是紡織品，來源地為英國。出口商品則以茶、蔗糖、樟腦占最大宗。茶產於北部丘陵地帶（大稻埕成為國際知名茶市），由滬尾出口，運銷至美國（烏龍茶）、南洋（包種茶）等地，占出口量一半以上；蔗糖產於南部平原，由安平、打狗出口，運銷至中國大陸、日本、澳洲；樟腦產於中、北部山區，亦由滬尾出口。

由於茶葉輸出占當時輸出總額的一半以上，使北台灣經濟地位（茶、樟腦）逐漸超越南台灣（蔗糖、稻米），因此從劉銘傳主政時期開始，政治中心由南往北移，台北逐漸取代台南。而大量出產合成塑膠原料的樟腦，使台灣樟腦產量居世界第一，成為樟腦王國。一八七八年後，台灣對外貿易均是出超，國際貿易成長速度極為可觀，對外貿易總值年平均成長率約百分之八，較同時期中國大陸僅有百分之三點四為高。

西方勢力的進入與衝突

台灣向世界開放後，基督教長老會便利用醫療及教育來推展傳教事業。為便利傳教士在教育及教義方面的傳播，基督教嘗試以羅馬拼音來建構台灣各族群的文字系統，最早是福佬話，後擴及至原住民語及其他族群。並創辦報紙，一八八五年創辦的《府城教會報》，是《台灣教會公報》的前身，為台灣歷史最久的報刊。加拿大長老教會的馬偕在淡水創辦學校，開台灣北部近代教育及女子學校教育之先河。英國長老教會則以台南府城與打狗（高雄）為傳教的重點區域。馬雅各在台南設立第一間西醫館，之後陸續成立中學、女學。甘為霖牧師創立盲學校，開啟台灣近代的特殊教育。北部的加拿大長老教會與南部的英國長老教會，雙方教區以台中大甲溪為界。傳教士雖熱心辦學傳教，但台灣人因為風俗與宗教信仰不同，故亦有排斥西方傳教士，甚至燒毀教堂的事情發生。

表八　基督教長老教會在台傳教狀況

	北部	南部
來自	加拿大	英國
傳教代表	馬偕	馬雅各、甘為霖
創立學堂	牛津學堂、淡水中學堂及女學堂	台南神學院、長榮中學及女學

另一方面，開港後出現外人私入後山（清代的花蓮、台東等地）開墾的問題。政府雖嚴禁外商私下開墾，並實施樟腦專賣，禁止外商在通商口岸之外私自貿易，但外商仍多在台灣違法走私、開墾。一八六八年，英商違法走私，因而引發衝突。當時設在打狗的英商怡記洋行代理人必麒麟在梧棲私開洋棧，購儲樟腦，準備私運出口。鹿港的北路理番同知洪熙恬獲悉後帶兵前往截留，以致樟腦遭風浪淹沒。必麒麟乃親至梧棲調查，憑仗英方強勢武力與《天津條約》護符，氣焰囂張，與洪熙恬相持不下。後來得知廈門的英國炮鑑無法前來支援，而且洪熙恬可能以強硬手段對付，必麒麟才轉赴廈門向英國領事報告事件經過。

同年，大南澳（宜蘭縣南澳鄉）發生私墾事件。英商荷恩在德商資金支持下，進行私墾，並迎娶當地平埔族酋長之女，方便其在當地的墾殖事業。當時噶瑪蘭廳曾向德商表示抗議，總理各國事務衙門也曾要求英、德駐華公使查辦。結果清廷同意開放樟腦買賣與傳教自由，並且賠償軍費與商人、教會的損失。一八六九年，荷恩因海難溺斃，私墾事件才宣告結束。

ௐ羅發號事件與牡丹社事件

一八六七年三月，美國船「羅發號」由廣東汕頭開往山東途中，在台灣南端七星岩（今屏東縣）附近觸礁船破，船長亨德及妻子、水手共十四人搭小艇逃生，抵琅嶠龜仔角山（今屏東縣恆春）登上海岸，卻被原住民殺害，僅一倖存之水手逃至打狗告官。英國領事乃派駐安平的英鑑「柯爾摩」號前往營救，卻被原住民擊退。清廷恐事件擴大，美國駐廈門領事李仙得也對清政府施加壓力，台灣鎮總兵劉明燈才率兵五百人前往琅嶠。李仙得對征服原住民無把握，乃透過通事與琅嶠十八社總頭目卓杞篤達成協議，往後如果有中外船隻失事，應妥為救護照顧，劉明燈也隨後撤兵，此事件終告落幕。此事件的發生，令列強質疑清廷是否能有效統治番界。

一八七一年（同治十年），琉球宮古島民六十九人，乘船遇風漂流至台灣東南部的八瑤灣（今屏東縣滿州鄉），有三人溺死，另六十六人登岸後誤入牡丹社（今屏東縣牡丹鄉），其中五十四人被高士佛社原住民所殺，餘十二人得到漢人居民楊友旺的救護幸而逃生；後經鳳山縣護送至府城，再轉送至福建福州，次年，由福州坐船回琉球。此即牡丹社事件。

日人得知此事，便欲從中干涉。一八七三年（同治十二年），日人以祝賀同治結婚以及討論換約事項為由，派遣特使副島種臣及柳原前光至中國探訪，乃趁機試探清廷對牡丹社事件的處理態度。當時清廷一方面表示琉球、台灣皆中國領土範圍，此事不煩日本過問，但卻又表示，台灣後山的原住民為化外之民，清廷無法有效管理，故不予追究。隔年，日本即以此為藉口，聲稱台灣後山不屬清國版圖，派西鄉從道率三千多名士兵攻打台灣。

日軍於瑯嶠（今屏東縣恆春鎮）登陸後，進攻牡丹社屠殺三十餘人，又焚燬其房舍。原住民不屈服，繼續襲擊日軍，西鄉從道退守龜山（今屏東縣東城鄉），修路築橋，建造都督府及兵營，準備長久駐紮。事態至此，清廷才感到日方的威脅，乃於一八七四年（同治十三年）任命沈葆楨為欽差，辦理台灣等處海防兼理各國事務大臣之職。沈葆楨於該年五月渡台，整治軍備，興辦團練，開闢前往後山道路，並派人至台灣東部招撫原住民，以壯聲勢，此外，更調度操洋槍的淮軍一萬餘人來到台灣，積極備戰。一時雙方對峙，劍拔弩張，戰爭有一觸即發之勢。英、美各國見情勢危急，恐一旦戰爭爆發將會影響商業；更恐怕中國一旦戰敗，則利益將被日本所獨得，乃對日本多所責難。日本見列強反對，中國又積極備戰，頗有顧忌，而日軍在台因水土不服，染病嚴重，病死的人不少，終於在英、美兩國斡旋下和談。

一八七四年十月清廷與日本簽訂《北京專約》，承認日本出兵為保民義舉，答應撫卹遇害的難民，並補償日本在琅嶠地區修道路及建物所有的費用。日本以此作為藉口，主張領有琉球。由以上兩事件看來，清廷的政令無法深入原住民部落是為事實，即使自強運動後在台設立撫墾局，掌控原住民的效益亦極為有限。

清法戰爭

一八八四年（光緒十年）六月，法國軍隊進犯越南北部，越南求援於中國，中國派兵協助越南抗法，法軍失利，清法戰爭遂告爆發。法國見中國東南沿海防衛空虛，於同年七月進犯福建。清廷遂派劉銘傳來台灣督辦軍務。法國海軍提督孤拔眼看要攻下台灣不如想像容易，乃率艦隊封鎖台灣海峽，使台灣對外交通中斷，經濟受到極大影響。隔年（一八八五）三月，法軍攻下基隆，逼近台北，情勢危險。同時，法軍又占領澎湖，台灣海防受到極大威脅。但同年四月中法雙方和談成功簽訂條約，雙方停戰，法軍撤出台灣，並解除對台灣的封鎖。

清法戰爭之後，清廷強烈警覺到列強垂涎台灣的危險，也更認識到台灣的重要性。因此，一八八五年（光緒十一年）十月清廷下詔將台灣改設為省，並以劉銘傳為首任巡撫，修正原有防務重南輕北的現象，以基隆、淡水作為台灣北部兩個防務重點。此役之後，台灣地位再次提升。自一八七四年命沈葆楨來台後，清朝由消極治台轉而為積極治台，在台推動一連串的近代化措施。

自強新政在台灣

沈葆楨來台後，首先推動「開山撫番」事業，一來是為了向外國宣示清廷對原住民擁有主權，杜絕其干預野心，二來茶、樟腦主要產於原住民居住的地區，故「開山撫番」也有其經濟利益。沈氏先開闢北、中、南三路通往台灣東部，並鼓勵漢人進入山地開墾，促進台灣全面的開發。此外，有計畫地促進原住民漢化，選土目、查「番」戶、定「番」業、通語言、禁仇殺、教耕稼、修道路、給茶鹽、易冠服、設「番」學、變風俗等。對於不服招撫或反抗的原住民，則用武力鎮壓。

一八七五年（光緒元年）正式解除禁止漢人偷渡來台、禁止攜眷來台、禁止漢人進入山地、禁止漢人娶原住民為妻等禁令。在國防方面，則在安平及打狗、東港等地興建炮台，並購買輪船航行於台灣、福建之間，以改善台灣的交通。亦派人到英國採購設備，在雞籠正式展開新式煤礦的開採工作。

一八七六年，丁日昌接替因病內渡的王凱泰而為福建巡撫，繼續推行洋務運動。丁氏特別錄取淡水廳所屬的原住民陳寶華為秀才，開台灣原住民透過考試取得功名的先例。此外，也派人教導原住民耕作技術，嚴禁漢人侵占原住民的土地。農墾方面，派人至汕頭、廈門、香港等地設招墾局，招募中國移民至台灣東部開墾，促進台灣東部的開發，緩和福建、廣東的人口壓力。丁日昌曾經架設安平至府城，以及府城到旗後（高雄）二條電報線共九十五里，為台灣最早架設的電報線。

劉銘傳來台後，傾全力推動自強運動。一八八五在台北大稻埕興建機器廠，自製槍彈。設立軍械所和火藥局來儲存槍械彈藥。除在澎湖、雞籠、滬尾、安平、旗後五個港口興修十座新式炮台，並在雞籠和滬尾設水雷局和水雷營。交通建設方面，在台北設電報總局，並架設福州到滬尾至台北，以及雞籠到台南、台南至澎湖的水陸電報線，全長四千一百餘華里。一八八七年著手興建鐵路，建成台北至雞籠路段。此外，在台北設立郵政總局，購買兩艘輪船航行於台灣與大陸之間，開闢台北經坪林通往宜蘭的道路，鋪設完成台灣與中國大陸之間的海底電纜。

劉氏亦積極從事清理田賦的工作，清理田賦後入冊登記的田畝增加四百多萬畝，並將原來台灣一田多主的田賦制度，採用大租「減四留六」的辦法，確定以小租戶為業主，要其繳納正供；將大租分為十份，大租戶（業主）仍得其六份，四份交小租戶完納正供（田賦）；小租戶可向佃農收取大、小租額，丈單（土地所有權狀）、錢糧皆由小租戶經手。清賦雖使台灣土地所有權較為單純，田賦負擔較為公平。但前後只花二年多時間，清丈不夠確實，也得罪了部分地主，因此在一八八八年（光緒十四年）發生彰化地主施九緞率眾包圍彰化縣城抗稅的「施九緞事件」，幸而事件不久即被平息。

劉銘傳駐台六年餘，政績卓著，不僅使台灣成為中國自造銀幣的創始地區，更在台北推動都市計畫，興建街坊，裝設電燈及自來水，興建大稻埕鐵橋，使台北成為現代化的城市。劉氏對台灣這塊土地具有深厚感情，離台五年後，得知台灣因《馬關條約》割讓日本，因過於悲憤，臥床不起，隔年便即病逝。

第五章　進步與矛盾之間——太陽旗下的台灣（一八九五～一九四五）

一八九四年，清廷於甲午戰爭失敗後，簽訂《馬關條約》，割讓台灣、澎湖給日本。日本要求割讓台灣的動機，除了欲以其作為海軍戰略基地，因台灣的糖、樟腦的產量豐，又擁有棉織業市場，故也有經濟方面的考量。

隔年（一八九五年）五月二十五日，台灣島上的最高首長唐景崧與台灣仕紳成立台灣民主國，這是為了對抗日本，不得不暫時脫離清廷而獨立的策略。以「永清」為年號即昭告世界，抗日成功後將回歸大清懷抱。國旗則採「藍地黃虎」為圖樣，總統由唐景崧擔任。五月底，北白川宮能久親王率領的近衛師團第一旅團順利登陸澳底。台灣民主國防軍潰散，唐景崧無法號令軍民，便於六月四日深夜化裝潛逃到淡水，在洋人的幫助下，登上德國船隻，逃往廈門。待唐景崧逃離台北後，丘逢甲、余明震、李秉瑞、林朝棟等重要領袖也相繼離開。只剩下劉永福及各地義軍（吳湯興、徐驤、姜紹祖等）、新楚軍、黑旗軍

圖三　民主國之寶印

圖二　台灣民主國藍地黃虎旗

繼續抗日。鹿港商人辜顯榮迎接日軍進台北城，並安排陳法老婦人架設木梯方便日軍登牆入城。六月七日日軍兵便兵不血刃進入台北。民主國餘眾雖在台南擁立大將軍劉永福為第二任總統，但同年十月十九日，劉永福便兵敗內渡，兩日後台南陷落，台灣民主國滅亡，存在時間僅一百五十天。

《馬關條約》給予國籍選擇權

根據《馬關條約》，台灣地區的居民若不願意在日本統治下繼續居留，可以自由變賣所有不動產後遷出。自條約生效之日起，給予兩年的寬限期，超過這個期限，尚未遷出台灣、澎湖者，便視為日本國臣民。生效日為一八九五年五月八日，因此台灣居民的國籍選擇期限就是一八九七年五月八日。一八九六年十一月，總督府又規定凡希望離去者，不論永世居民或短暫居住者，均須向官府申告，「土匪」則須先投降、解除武裝後始可離去，離台者所攜帶的財產免除關稅等。最後申請退離台灣者只有四千四百五十六人，不及當時台灣總人口的千分之二。不離開台灣重要因素，多是不願放棄基業，加上總督府承諾尊重在地習俗所致（如辮髮、纏足與吸食鴉片）。

漢人武裝抗日

日軍武裝占領台灣後十年間，或因失政導致民怨（如總督府的新經濟管理措施剝奪台人既得利益與工作機會），或有部分漢人仍有歸附中國及防衛自立的念頭，故不斷有武力起來反抗日本的統治和鎮壓，規模較大的以「台灣抗日三猛」——北部簡大獅、中部柯鐵虎，南部林少貓最為著名。初期抗日行動屬於地域性，未見跨區域合作，因此日本總督府便採取報復性鎮壓手段。第三任總督乃木希典建立三段警備制，危險區由軍隊警備、不穩區由憲兵警備、平靜區由警察警備，但效果不彰。一八九八年，續任的總督兒玉源太郎改採鎮撫兼施策略，除了擴充警力，利用壯丁團協助外，亦制定招降辦法，引誘叛軍投降後，再行處置。

一九〇七年至一九一五年，由於日本掠奪許多林野土地，以及日人資本在台灣擴張，損害台灣人生計，因而引起反彈。一九一一辛亥革命的成功，也鼓舞了之後部分的抗日行動。這段期間的抗日，大多與宗教密謀或民族革命有關，但由於總督府統治已穩固，除了苗栗事件、西來庵事件之外，抗日規模不大。

發生在一九一三年的苗栗事件，其實是各地受到辛亥革命成功的鼓舞，啟動的抗日事件之總稱。張火爐在大湖、大甲招募同志；陳阿榮在南投等地宣傳抗日革命；賴來於東勢角組織群眾。但除了賴來殺進東勢角支廳外，其餘皆在密謀階段即遭到日警破獲。羅福星事件、大湖事件、南投事件、東勢角事件，加上利用神道宣傳招募信徒抗日的關帝廟事件，因案件類似，總督府成立臨時法院，同時於苗栗審理，合稱「苗栗事件」。

而作為日治時期抗日分水嶺的西來庵事件，主謀者為余清芳，故亦稱「余清芳事件」。因密謀起事地點為西來庵，暴動發生的地點在噍吧哖（今台南玉井），所以又稱為「西來庵事件」、「噍吧哖事件」。一九一三年（大正二年），余清芳在台南西來庵，與羅俊、江定等人，以宗教為名召集群眾。一九一五年，余清芳等人號稱「大明慈悲國」即將建立，祕密宣傳反日行動。但被日本警察偵知，遭到通緝，倉促逃入山區。余清芳、江定決定攻噍吧哖、六張犁、阿里關各地，並占領虎頭山。總督安東貞美下令軍警圍剿，並誘騙在逃的投降者可免於一死，一等到民眾歸莊，再進行慘絕人寰的大屠殺，史稱「噍吧哖大屠殺」，有上千位附近村莊居民被集中殺戮。

噍吧哖經此次浩劫後，人口大減。事件平息之後，由台南的臨時法庭審判，共有近二千人依《匪徒刑罰令》被告發，其中被起訴者接近四分之三，近九百人被判死刑。此判決因過於苛刻，引起日本國會議員的非議，因此在處決九十五名囚犯後，其餘死刑犯改判無期徒刑。這個事件被認為是日治時代抗日運動的分水嶺，此事件以前，台民主要採取武裝暴動以爭取權利，但以後則採取非武裝對抗的政治社會運動。

總督府的殖民政策

日本在台的基本政策，由「無方針主義」進而「同化主義」，再進而「皇民化」，因而治台亦可分為三個時期。一八九六年，日本頒布法律第六十三號（六三法），聲稱部分日本憲法條文及法律不適用於台灣，故授與台灣總督府制定律令的權力。在《六三法》的委任立法下，台灣總督除可頒布具法律效力的命令，還擁有人事任免權、法院管轄權、台灣海陸軍統率權。總督府因此具有行政、立法、司法、軍事大權，猶如土皇帝一般。

表九　日本統治台灣的法律

	《六三法》	《三一法》	《法三號》
施行時間	一八九六年	一九〇七年	一九二一年
特　色	總督等同土皇帝	總督發布之命令不得抵觸本國法律	日本本土法律適用台灣
背　景	治台初期	六三法規定實施三年，已因故延長兩次	台灣政治運動勃興

日本占領台灣後直至一九一九年，為總督府的漸進主義時期，又稱無方針主義時期。這是因為第四任總督兒玉源太郎任用醫師出身的後藤新平為民政部長。後藤新平提出「生物學原理」的統治原則，主張對台灣的風俗習慣、社會制度文化進行調查後再制定適當政策，因而有順應現實需要彈性調整的漸進式「無方針主義」。

在此治理模式下，總督府高壓、懷柔兼備，先盡力籠絡社會菁英，並頒布《匪徒刑罰令》對付竄起的抗日活動。此外，日人也實施保甲制度，適度保留台灣固有風俗習慣，包括纏足、鴉片、剃髮三大社會陋習，以減少台灣人的反抗。

歷史知識家

後藤新平認為應先了解台灣人的習性，依據其習性定出一套管理辦法才能達到治理的效果。他從台灣人的特質上發現三項弱點：台灣人怕死——要用高壓手段威嚇、台灣人愛錢——可以用小錢利誘、台灣人重面子——可以用虛名籠絡。

第一次世界大戰結束後，民主與民族自決思想瀰漫。一九一九年三月，朝鮮爆發「三一獨立」的萬歲事件，迄四月，總共發生三百多次的抗日獨立暴動。同年五月四日，中國也爆發抗議巴黎和會山東問題的「五四運動」。在這樣的世界潮流與國際氣氛下，台灣人展開撤廢差別、自治等非武力抗爭的政治社會運動訴求。該年十月，日本改派文官總督田健治郎來台，實施日台一體「內地延長主義」。總督府進行地方制度改革，設立日台共學制、日台通婚制等，並實施新的戶籍法營造祥和氣氛。自一九一九年一直到中日戰爭爆發期間，在台灣知識分子領導下，成立許多政治社會運動團體，如台灣文化協會、台灣民眾黨、台灣共產黨、台灣自治聯盟等。

歷史知識家

內地延長主義主張將日本內地實施的法律制度移至台灣實施，而同化政策則是期待台灣人接受日本文化。

一九三七年中日戰爭爆發，日本因應需要，在台推動「皇民化、工業化、南進基地化」，台灣進入戰時體制，而積極展開的「皇民化運動」，企圖使台人具有日本國民的愛國心和犧牲精神。除了鼓勵使用日語，培養日式生活習慣，更推廣改從日姓、取日名、供奉日本神社等運動。一九四一年在各地策動成立「皇民奉公會」，令台灣人民自視為真正日本人。太平洋戰爭爆發後，日人亦在台實行徵兵制度，台籍的日本軍人、軍伕總數多達二十萬餘人，婦女也被送上前線擔任「慰安婦」。

警察與保甲制度

總督府在地方上採取警察與保甲制度。第三任總督乃木希典為了對付抗日活動，採用「三段警備制」：抗日分子出沒的山地，配以軍隊；介於山地和平地的中間地帶，由憲兵駐守；村落和都市較為平靜，由警察維持治安。三段警備制的官兵之間執法基準不一，頗為擾民。兒玉源太郎總督上任後廢除三段警備制，建立台灣特有的警察制度。此制度以警察為中心，無所不管，從執行法律、維護公共秩序，到協助地方政府處理一般行政事物、管理原住民部落等，澈底干預台灣民眾所有日常生活，實為「典型的警察政治」，台灣人因而稱警察為「大人」。

一九二八年，為因應日益遽增的左派活動，總督府另組「特別高等警察」祕密警察制度，嚴控台灣人思想活動，防止共產主義、以民族獨立或以廣泛自治為目標的民族運動。太平洋戰爭爆發後，更於一九三八年實施經濟警察制度，專門取締經濟違法事件，包括物資統制、貿易統制、監管物價、配給統制等。日治時期的警政嚴苛箝制人民，但質言之亦是安定社會秩序的效能政治。

保甲原為清代台灣的地方自衛組織，協助政府維持地方治安，台灣總督府則加以利用。一八九八年總督府頒布「保甲條例」，規定十戶為甲，十甲為保；甲有甲長，保置保正，由保甲中的戶長推選，經地方官認可，以連保連坐責任，輔助警察。保戶的青壯年男子需成立「壯丁團」，協助鎮壓抗日分子和防範天災。保正或甲長成為籠絡地方仕紳或培植地方領導人的手段，日人意在使保甲成為警察的輔助工具，及總督府動員的重要工具。舉凡協助放足斷髮、推廣日語、改良風俗、推動農業改革、調查戶口、監視出入者、預防傳染病、修橋鋪路、義務勞動等，皆是保甲聯合會、壯丁團的業務範圍。

表十　日本殖民政策與大事紀

分期	政策	大事紀
一八九五～一九一九	漸進主義時期	台澎割日、台灣民主國、太魯閣事件、第一次世界大戰、噍吧哖事件
一九一九～一九三七	同化政策時期	台灣「綠色革命」、日月潭發電廠、嘉南大圳完工、霧社事件
一九三七～一九四五	皇民化時期	中日戰爭、第二次世界大戰、太平洋戰爭、日本投降

殖民時期的各項調查與基礎建設

日本總督府在台進行多項改革，改革的第一步，便是展開各項調查。初期，日本利用先進的技術進行土地調查，調查後田地面積較劉銘傳清賦後增加百分之七十以上，使田賦稅收大增。總督府再以低額公債補償大租戶，確立小租戶為土地唯一所有者。此外，林野調查也確定了全台林野的所有權，明定境界。透過放領、承購等方式，建立林野私有財產制，誘使資本家向林野投資，完成林野資本主義化。無明確產權的林野則被視為無主地，收為官有，再轉給日本資本家。一九〇五年，實施台灣歷史上第一次人口普查，約三百一十萬人（台灣人占約二百九十八萬），一九一五年起，每五年定期普查一次，掌握台灣人口實況。在土地、林野人口調查後，日人便可以完全掌握台灣人口、地理狀況，也確立軍隊及警力的配置。

日治初期的專賣項目以鴉片、樟腦為主，後期以菸酒最為重要。身為國際禁菸組織成員之一的日本，鴉片專賣不啻為荒謬行為。台灣民眾黨的蔣渭水因此向國際聯盟提出控訴，引起國際關注。總督府因而成立更生院，成為台灣的勒戒所。總督府聘請台灣第一位醫學博士杜聰明作禁菸實驗。杜聰明讓病人服用以鹽酸嗎啡為主要成分的藥物，減輕禁食鴉片的痛苦，頗具成效。一九〇五年日本在台殖民轉虧為盈，專賣收入約占總督府在台收入百分之六十以上。

為扶植日資產業在台開展，一八九九年創立台灣銀行，一方面整理台灣貨幣，使與日本統一以安定金融，一方面在華南、南洋等地設置分行，負責對外貿易金融。一九〇〇年統一台灣度量衡，整頓市場交易秩序。

交通建設方面，設置郵便局，辦理郵政、電報、電話業務，並修築基隆至屏東的縱貫公路。一九〇八年完成基隆到高雄的縱貫鐵路，建築鐵路的目的，主要是為了經濟貨物的運送，因此阿里山線為著名的林業鐵路，私營鐵路最長的則是製糖株式會社所經營的線路。而為了進出口貿易的順暢，更整建基隆、高雄港，之後港口陸續擴建，並建立起台日間往來頻繁的貿易網絡。一九三六年，日本遞信省（交通部）與台灣總督府的補助下委託日本航空運輸公司，開闢台北到日本福岡的定期航線。日本所以建立台灣航空業之因，一方面因為國防安全和經濟發展需要，另一方面得力於前一年（一九三五）台灣始政四十周年博覽會的開幕，國外和日本外賓來台參觀，使日本航空運輸公司班機有飛行機會。當時開闢的機場以台北松山機場規模最大，為日本和外國進入台灣的大門。

一八九九年，最早的自來水工程於淡水完成，一九〇五年台北市街開始裝設路燈。日治期間，更完成台灣第一座火力發電所、日月潭第一水力發電廠，以及桃園大圳、嘉南大圳等水利工程。日月潭發電工程完工後，占台灣水力發電量的一半，而嘉南大圳完成後，全台農業產量更是增加二倍有餘。總之，日治時期各項建設，為戰後台灣經濟發展打下重要基礎。

殖民時期的經濟發展

殖民初期的產業以農業為主，總督府確立「農業台灣、工業日本」政策，積極推動台灣的「綠色革命」，將台灣作為稻米和蔗糖的生產地，以供應日本國內的需求。除了設置農業研究機構，改良新品種，更成立農會，引進有機肥料、研發新耕作技術，也積極興修水利工程，為農業生產儲備足夠的灌溉水源。在新技術的引進之下，稻米產量激增。一九二二年適合日本口味的蓬萊米成功培植後，迅速普及全台，並大量輸往日本。

此外，日本也致力製糖工業近代化，將台灣打造成糖業王國。總督府為了扶植日資糖業，減少日本向外國購糖的支出，先頒布《台灣糖業獎勵規則》、《製糖取締規則》，提供日資新糖廠資金援助、原料確保和市場保護，降低新式製糖業的原料成本，壓榨蔗農利益。更令台人不准自組「會社」，使台人資本必須附屬日資才得以存續。

由於糖業全為日資廠商壟斷，台灣本土資本僅能掌握部分稻米的加工、流通過程，故台灣地主、佃農傾向種植稻米。總督府則統合各種水利機構，利用水資源的分配，以輪作分區供水方式，推動稻米、甘蔗、雜糧三年輪作制度，控制民間作物的選擇。中日戰爭進入膠著狀態後，日本意識到無法在短期內結束戰爭，為確保日本糧食供應無缺，乃對台灣、朝鮮所產稻米嚴加控制並統籌調度。

一九四二年至一九四三年上半年，自日本占領爪哇等地後，當地甘蔗生產條件優於台灣，台灣糖業地位不復往昔重要。當時重新考慮糖業的地位，為了增產戰時糧食，將一部種蔗田地改植稻作、甘藷、落花生或其他作物。指定以濁水溪為界，實行「南糖北米」政策，原來的水田蔗作改植稻，旱地蔗作改植甘藷。終為紛擾許久的「米糖相剋」劃下休止符。

殖民時期的教育制度

為了統治及建設的需要，重視初等教育，並灌輸忠君愛國的思想，日本據台之初，立即對台灣做了地毯式的調查，其中包括教育的概況。一八九六年，總督府派員至各地視察學事狀況，舊書房的報告書中指稱台灣傳統的教育機關是一個沒有紀律、不注重衛生的場所。日本人不能接受自己的殖民地人民是「沒紀律、不清潔」的事實，亦無法向國際社會展示殖民績效。之後，總督府便在台灣大量興建學校，希望將台灣人民教育成有紀律、重清潔的好國民。

一八九六年設立國語傳習所等各項教育機關，推展日語、實行新式教育。直到一九二二年日人發布新式教育命令之前，台灣皆實施本島人教育、日本人教育、番人教育三種制度，各種人分別進入規定的學校就讀，實施差別教育。初等教育部分，台人讀公學校，日人唸小學校。日本在初等教育階段相當重視體操課，幾乎花了一整年的時間來訓練台灣學生整隊、行進基本動作。透過體操課的教育，日本政府是要訓練能服從號令的個人身體，以達到團體一致協調。透過這樣的訓練，兒童的身體不再是個人的身體，而是隸屬於團體的身體，這個團體先是自己的班級，然後擴大至學校，繼而擴大至國家，最後所有兒童的身體都變成國家可以動員的身體。

小學校畢業後，日人可讀中學。而早期台人自公學校畢業後，缺乏升學管道，除了培育師資的台灣總督府國語學校及培植醫事人員的台灣總督府醫學校等專門職業學校外，甚至無法進入中學校就讀。一九一五年台灣仕紳捐款興辦供台人入學的台中中學校（今天的台中一中），台灣人才多了一條入學管道。一九二二年新「台灣教育令」頒布後，中學體制開始與日本國內取得一致——亦即「日台共學」，且不斷擴增，但是台人的入學過程還是倍受限制。

在職業教育方面，一九一九年，總督府根據「台灣教育令」，設立三年制的工業、商業及農林學校各一所，同時在公學校附設修業兩年的公立簡易實業學校，為一速成的職業教育機關，根據一九四三年的統計，台灣人畢業於職業學校的人數竟高於日本人，總督府的策略在於使台灣人投入殖民經濟下迅速成長的工業部門，以因應技術及半技術勞工之需求，使得技術勞工不必再完全仰賴於日本。因此，可以說日本人在台的中等教育，始終偏重初級技術人員的養成教育，終極目標乃是貫徹殖民統治政策。

中日戰爭開打後，日本對中國發動侵略戰爭，教育制度也隨之演變，進入「皇民化教育」階段。首先，斷然廢除公學校漢文科及傳統書房。一九四一年，台灣的小學校、公學校一律改稱國民學校，課程內容依等級有異。課程共分為第一、二、三號表，第一號表比日本國內多實業科，第二、三號表較第一號表更重視日語、實業兩科，規定「過日語生活家庭」的子弟得以入「第一號表國民學校」（即小學校），其餘家庭子弟則入「第二、三號表國民學校」（即原來的公學校、番人公學校）。

一九四三年實施義務教育，但是學生的入學限制沒有改變，顯見總督府始終並未公平開放平等共學的機會。總而言之，總督府的殖民教育內涵乃是以初等教育為重點，且以日語教學為中心課程，他們希望一般台灣人民都能上公學校學習日語，不然就是透過社會教育設施來學習日語。至於「中等教育」則為初級技術人員的養成教育單位，「高等教育」則多從事與殖民政策密切配合的學術研究，而「留學教育」則彌補了台灣教育資源的不足。終其統治，總督府長期本著差別待遇的原則來設計教育制度，只偏重初等教育，中等以上的教育設施明顯不足，但是不能漠視的是，日語的使用，讓台灣人可以吸收現代知識，台灣也因此成為具有相當程度現代性的殖民地社會，現代性的形成以及日語成為共同語言，有助於消除地域族群間的隔閡，更能促進台灣意識之共識的形成。

日人對台灣菁英的籠絡

日治時期的社會結構以農人為主，但隨著新型工業的發展，工、商人口逐漸增加。而總督府為籠絡地方仕紳、富豪，便延攬其出任公職或給予專賣特權等政經利益，爭取其支持與合作，使其除為地方上領袖，也成為工商新貴。

此外，總督府並致力於延攬耆老與讀書人，如於一八九八年舉辦「饗老典」，招待八十歲以上的高齡老人出席。計有二百九十三人與會，每人贈送扇子一對，百歲以上者，特贈鳩杖一支。其後又在彰化、台南等地兒玉總督親臨舉行。一九〇〇年，兒玉總督更邀集全台仕紳有科名者（如進士、舉人、秀才）七十二位，舉辦揚文會。揚文會以台灣總督為會長，請儒生參加發表詩作或吟詩，當時民政長官後藤新平亦作漢詩一首。這種揚文會十分禮遇讀書人，故深得當時文人的喜愛。之後各種漢詩詩社紛紛成立，風氣鼎盛。

總督府雖禮遇台灣的現代知識菁英，但社會整體而言，因為經濟不平等，如公家機關同工不同酬，偏厚日本資本，受教育的機會亦不平等，加上台日語言、文化的不同，兩者存有歧異，台人的地位始終矮日本人一截。

風俗習慣的演變

後藤新平來台後，主導台灣的舊慣調查，以此決定台灣的施政方針。日治初期，便視鴉片、纏足和辮髮為台灣社會三大陋習，但最初為避免反彈，對台灣習俗採取放任與宣導制。一八九七年，在財政收入、治安及人道考量下，總督府頒布「台灣阿片令」，除非是經由醫生證明而領有牌照的菸癮者，否則一律禁食鴉片。一九一四年起藉由保甲制推動放足斷髮，纏足、辮髮者人數大減。其中放足以後，女子得以加入生產行列，加上受中等教育機會增加，改變女性的社會地位。

除了放足與斷髮，日人亦引進現代衛生觀念，將飲用水（上水道）和排水溝（下水道）分開，改善因飲水和排水不分所造成的汙染。一八九七年，日本國會以「土人醫師養成所」名義，通過預算，在台北病院設立醫學講習所，為台灣第一所官辦醫學教育機構。一九〇七年，制定「助產士講習規則」，以公費方式召集女子，教導其助產知識，並召開講習所，培養助產士。為避免疾病傳染，警察並協助檢疫，強制人民打預防針、打掃房舍內外等。這些措施不僅改變台人衛生習慣，更有效控制天花、鼠疫、霍亂等傳染病，使台人死亡率大幅降低，人口增加速度居世界之冠，一八九六年台灣人口為二百六十萬人，到了一九四三年已增至六百六十萬人，成長了一倍以上。

台灣人在保甲制度下，逐步推行各項現代化措施，學校和社會教育亦灌輸現代法治觀念，使民眾養成重秩序、守紀律習慣。日治時代以前，台灣以天干地支計時。日治之後，引進格林威治標準時間，公私立機構依據標準時間運作，交通工具亦明定時刻表，加強人民的時間觀念。並引進星期制，星期例假、國定假日漸漸定型，人們開始擁有休閒娛樂，如參加美術展覽、棒球運動等，而公園的設置亦成為民眾休假的去處之一。

在日人統治下，台灣人的風俗習慣開始改變，也因各方面日式風格的引進，社會上呈現諸多豐富面貌。街道上，除了台人所開設的商店、菜館，日本人開設的店家也不惶多讓，新高製菓株式會社出品的牛奶糖風行一時，後來新高會社設立的喫茶店也引進了咖啡、西點、冰淇淋等西式食品。

日治初期台灣的衣料，包括絲製品及布匹多來自上海、福建，雖然日本布匹已經出現在台灣市場，但是台人還是比較習慣使用中國衣料。然而，經過一段時日，日本的花洋布漸漸取代昔日儉樸粗糙的衣料。洋服（西裝）、皮鞋也漸次出現，當時日本未能製造優良的毛織料子，所以呢絨類西裝料多是英國貨。

對於台灣傳統的風土民情，日本政府則秉持尊重的態度，如未加干涉葬俗、祭神等儀式，因此大多保留原來的傳統樣貌。譬如台北艋舺的清水岩、青山宮、龍山寺，以及大稻埕的霞海城隍廟、大龍峒的保安宮，這些寺廟的祭典都有悠久的歷史，即使歷經日本統治，也能傳承至今少有變動。

由文化走向政治——台灣文化協會

日治時期的文化活動，在文學、美術、戲劇、音樂、電影等方面都有相當程度的發展，許多理想之士投入其中，為的是讓台灣這塊土地更有文化、更有內涵。當時的文藝作品經常反映身為被殖民國家人民的辛酸，也透露了他們想在自己土地上爭取更多自主權利的欲望。

一九二一年，蔣渭水、林獻堂結合青年學生，在台北大稻埕成立台灣文化協會。成立目的為文化啟蒙，以助長台灣文化之發達，並未具有政治目的。台灣文化協會最具影響力的活動為自一九二三年中至一九二七年期間舉行的文化演講，一年可達三百多次，聽眾達十一萬人以上。另外，自一九二四年起，連續三年在台中霧峰林家的萊園，開設夏季學校，講習各類科目，並舉辦討論會。總督府認為演講與教授的內容有激發民族意識之虞，因此時常處以中止或解散的處分。

由於台灣文化協會的帶動，啟發了本島農民運動與勞工運動。除此之外，台灣文化協會在台灣近代政治社會運動史上的意義，還有擴大政治運動成員與基礎的成效。一九二七年「文化協會」分裂後，「新」文化協會由社會主義青年連溫卿等較為左傾的人掌權，甚至發起拒買原文協發行的《台灣民報》運動，另外創辦《大眾時報》，走向完全不同的路線。

蔣渭水等溫和派知識分子退出台灣文化協會後，結合蔡培火、林獻堂等人，另外組成台灣民眾黨。原來的台灣文化協會便稱「新文協」，形成「新文協」與「台灣民眾黨」兩立的狀態。日後，蔣渭水領導的台灣民眾黨卻走上較為激進的道路，主張要打倒日本帝國主義必須結合農民與工人，並以他們為主，組織一個全民性的政黨，因此與林獻堂、蔡培火等中產階級漸行漸遠。最後，林獻堂與蔡培火等紛紛脫黨。一九三〇年楊肇嘉、蔡培火另組台灣地方自治聯盟，追求地方自治。

台灣文化協會的活動，促成不少台人開始批判現實經濟和社會。一九二六年全島性的

「台灣農民組合」成立，並與日本左翼團體聯繫。一九二八年四月十五日，林木順、謝雪紅、翁澤生、林日高等九人在上海法租借霞飛路一家照相館舉行「台灣共產黨」成立大會，屬於日本共產黨台灣支部。一九二八年，謝雪紅先接觸台灣文化協會與農民組合，將非法的共產黨活動寄生在既存、合法的民族主義運動團體中，便利動員群眾，並於十月在台北成立「台灣共產黨台灣支部」，將台灣文化協會與農民組合納為台灣共產黨的外圍組織。為了因應日益遽增的左派活動，總督府於一九二八年另組「特別高等警察」祕密警察制度，嚴控台灣人的思想。一九三一年十二月，總督府打擊台灣共產黨，逮捕三百一十名共產黨相關人士。太平洋戰爭爆發後，台灣共產黨活動轉入地下，盛況不再。

台灣地方自治聯盟成立後，聘林獻堂為顧問，台灣民眾黨的穩建派也漸漸加入「自治聯盟」。台灣地方自治聯盟以放棄議會設置請願活動的退讓方式，獲得總督府的回應，獲准於一九三五年實施第一次地方選舉。但選舉權有以下限制：須年滿二十五歲，繳納市街莊稅年額五圓以上，以及在該地居住滿六個月以上男子才能取得資格。而上級的州會議員半數仍由官派，半數由下級議會間接選舉產生。地方自治聯盟積極參與選舉，但政治主張無法進一步發展，只能停留在追求總督府之下的各級地方自治。一九三七年中日戰爭爆發，該年八月，自治聯盟在戰時政治情勢壓力下，自動宣布解散。

社會運動

本土菁英投身政治社會運動，肇始於「與日人同化」的訴求。一九一四年在日本人板垣退助支持下，林獻堂等人組成台灣同化會，主張台灣人應與日本人同化，以提高台灣人地位。該會雖然得到日本國內政要、名士支持，會員三千多人。但在台的日本人卻不以為然，總督府也頗為忌憚，隔年一月，便以其「妨害公安」為由，下令解散。

由於日本總督府對台灣的政治抗爭十分敏感，台灣人的政治運動一開始只能在海外發跡，由一群留日學生作為先驅者。一九一八年，林獻堂宴請留學東京的台灣學生，達成廢除「六三法」的共識。林獻堂繼而籌組「六三法撤廢期成同盟」，推動取消「總督的特別立法制」，以民主自由為基調，將台灣納入日本憲法的治理下。但林呈祿等人認為，「廢置六三法」的訴求實屬消極，不若在台設置代議政治、令台民擁有發言權來的有益；另一方面，撤廢《六三法》等同於否認台灣的特殊性與民族主義，極可能會招來日人所主張「內地延長主義」的結果。因此一九二〇年後，台人逐漸將此運動轉型為「台灣議會設置請願運動」。

一九二〇年在東京成立的新民會，藉由刊物「台灣青年」，表達台人的政治訴求。《台灣青年》雖為新民會的言論刊物，卻是台灣政治運動的第一個刊物，一九二二年改名為《台灣》，後改為《台灣民報》週刊，發行量曾突破一萬份。

「台灣議會設置運動」的主旨乃是在台灣人「作為日本帝國臣民」的前提之下，欲保存台灣及台灣人的獨自性。表面上，運動的發起者以「同化於大和民族」為掩飾，實則希望日本政府對台灣人鬆弛壓力，能放寬束縛，俾使台灣人減輕痛苦。第一次請願是由新民會的林獻堂、蔡惠如、蔡培火等發動百餘人聯名上書日本國會，提出在日本殖民統治下獲得「民選議員」、「設置議會」等權利，但遭日本貴族院請願委員會否決。日本統治當局了解，一旦允許設立具有立法權與預算審核權的台灣議會的話，台灣就會變成一個獨立的自治體，因此大力打壓。

一九二三年，由蔣渭水、蔡培火、陳逢源等人在台北領導成立「台灣議會期成同盟會」，進行第三次請願，但仍被日本國會否決。事後，台灣總督府更以「成立台灣議會期成同盟會違反治安警察法」為由，將蔣渭水、蔡惠如、蔡培火、陳逢源、賴和等六十餘人拘捕下獄，企圖以此嚇阻台人的請願，此即著名之「治警事件」。但台民並未屈服，一九二四年起，林獻堂等又連續發起十二次請願。「台灣議會設置請願運動」是日治時期歷時最久、規模最大的政治運動，其訴求為在台灣單獨設置擁有立法權、預算審查權的「台灣議會」。一九二一年第一次向帝國議會提出請願，到一九三四年最後一次提出，共歷時十四年，提出請願十五次。待由於戰爭硝煙竄起，所有本土或殖民地左翼運動皆被強制鎮壓，一九三七年以後，台灣已沒有任何體制內的抗爭活動。

皇民化運動

一九三七年至一九四五年間，在日本積極南進下，中日戰爭全面展開，太平洋風起雲湧，台灣必須擔負日本的軍事、人力、物資等支援任務。為了凝聚台灣人的忠誠意識，乃積極將台灣人塑造為「天皇的子民」，欲澈底切斷台灣與中國關係。總督府開始全面推進國語運動，嚴禁講台語，報紙中的漢文版也被廢除。而全家都講日語的「國語家庭」受到表彰，並贈與改日式姓名的權限。

一九四一年四月「皇民奉公會」成立，全台灣的百姓都是奉公會會員。中央本部下，設有支部、支會（州廳）、分會（市郡）、區會（街庄）、部落會、奉公班等，配合保甲系統及地方行政組織以發揮功能，所以與總督府以下的各級行政組織完全重疊。地方上的菁英分子不論願意與否，皆被籠絡為各層級的奉公會幹部，連民族社會運動先驅的林獻堂亦不例外。另有因社會不同職業階層，或因應動員需要所成立的愛國團體，為奉公會的外圍組織，例如中年婦女的「愛國婦人會」、年輕女子的「桔梗會」，其他諸如「產業奉公會」、「文學奉公隊」等。直到一九四五年，總督府才將皇民奉公會及保甲制度取消。

為統制言論，總督府將全台所有報社（包括《台灣新民報》）合併為《台灣新報》，彈壓台灣文學，鼓吹皇民文學，更壓制反映台人心聲及台灣語言的歌曲，甚至把原曲填上日本歌詞，作為日本當局的宣傳工具。如「雨夜花」，便被改為「榮譽的軍伕」。

皇民化運動徹底展開之際，日本甚至撤廢本土寺廟信仰，砍燒人民家中的祖先牌位和神像，強制大家到神社參拜，讓「本土的諸神升天」。透過生活規範塑造天皇的神格形象。衣著上則禁穿台灣服裝，改穿和服，並改過陽曆年。人們被迫從事皇民文學創作，傳統的布袋戲、歌仔戲被禁演，李天祿的布袋戲團也被迫演「皇民戲」，木偶穿上日本服，講日本話，持武士刀在戲台上砍來砍去。巡查則天天坐在戲場裡監看。

有些台灣菁英為改善殖民待遇，主張配合日本的政策，但整體而言，皇民化成效不彰。大多數台人陽奉陰違，仍然祭拜祖先和傳統神明，過年也過陽曆年。甚至出現與之對抗的戲劇表演，如一九四三年上演的舞台劇「閹雞」，描寫小人物因受環境壓迫，劇中刻意安排台灣歌謠。最後，組成皇民奉公會的總督長谷川清也不得不容忍台灣原有宗教文化。但台人當中，也有人對於國籍與血統的認同感到掙扎，如吳濁流便在《亞細亞的孤兒》中描寫台灣人面臨的國族認同問題。

南進政策與太平洋戰爭

甲午戰爭後，日本內閣對「北進」、「南進」政策舉棋不定。「北進論」重點在朝鮮、東北的擴張；「南進論」則是針對南洋的經濟層面。一九三一年九一八事變後，日本與英美關係日益惡化，日本開始重視南方問題，而該年也是日本對華大規模侵略的開始。當時日本政府被少壯派軍人所操控，故挾帶著軍國主義思想，猛烈向外武力擴張。一九四一年《日蘇互不侵犯條約》簽訂後，南進論成為日本唯一發展路線。

一直以來，台灣都被預設為南進政策的基地。一九二八年台北帝國大學（台灣大學前身）設立後，即以南洋研究為重點。因此，在日本經濟擴張的同時，台灣社會也逐漸走向戰時體制。一九三六年台灣拓植株式會社成立，積極投資華南、海南島、東南亞地區。而配合日本南進的軍事擴張，台灣也展開軍事基地的工業建設，一九三四年，建成日月潭水力發電廠，供電量大為提升，陸續又設立機械、造船、石化、水泥等廠。台灣工業化的發展，造成日本本土輸入的日用品，漸由台灣輕工業取代，高雄港及周邊地區漸發展成工業區，一九三九年工業產值首次超過農業產值。

一九三八年，日本設計了「物資動員計畫」，物資統制範圍包括鋼鐵、非鐵金屬、纖維、皮革、木材、米穀、食品等。由於美國對日實施鋼鐵禁運，所以鋼鐵被列為統制重點，民間散置之廢鐵廢銅皆被迫繳回。

一九四〇年，日本提出建設「以皇國為核心，中日滿堅實結合為根幹的大東亞新秩序」。表面上，日本準備承認共榮圈內各族獨立，藉以促使日本和亞洲其他地區的「協同」，完成亞洲真正的解放。實際上卻藉由建立新秩序，依日本、中國、滿洲、東南亞地區的順序行實質占領。

日本政府為了在短期內籌措足夠資金實施金融統制政策，特別獎勵儲蓄及推行公債。

一九三八年在台總督府推行「獎勵儲蓄運動」，在各機關、公司、工廠乃至保甲分別設立「國民儲蓄組合」。由警察「勸導」或其他半強迫方式，要台人認購「戰時國債」。儲蓄的結果自然最終都流向政府指定用金，使台灣的一切資金皆在國家機關的統制之下。

在由國家強制統制的經濟政策下，為了維持生產，政府甚至禁止生產者任意遷徙，並管制工資，控制勞動力投入相關企業。此外，總督府頒布「台灣糖業令」，由總督府統一糖價；以及「台灣米穀移出管理令」，由總督府統一收購台灣銷至日本的稻米，如此，地主、農民、米商皆受打擊。除了認可原本就被壓低的甘蔗原料價格，此時又降低輸往日本的稻米價格，嚴重打擊本地農民、地主或是米商。

一九四二年四月第一次正式招募陸軍特別志願兵，初期徵召反應熱烈。隔年八月開始實施海軍特別志願兵制。在徵兵的過程中，總督府憶起當年霧社事件原住民威猛的戰鬥力，故在進攻菲律賓受挫後，便想利用熟悉熱帶叢林的原住民為其作戰，故特別為其編制「高砂族挺身報國隊」、「高砂義勇隊」，前往菲律賓、巴丹等地。高砂義勇隊的的徵召共五次，迄一九四四年，總督府共召募一千八百多名高砂義勇隊兵。

一九四五年開始實施全島徵兵制，第一梯次受檢者共四萬七千多人，大部分以現役兵身分入伍，多被派到南洋作戰。日本在台灣軍事動員，曾出現台灣年輕人寫血書志願從軍的熱潮現象，除了受到同儕、英雄主義鼓舞，亦有被重視及認同歸屬日本人的心理。除了志願兵及徵兵制外，台灣人又以軍屬、軍伕的名義到上海、華南、南洋戰場。當時軍隊的階級依次為軍人、軍馬、馬犬、軍屬、軍伕，台灣人的編制上稱為軍屬、軍伕，因此，在軍中屬於低下階層。其工作主要為運輸物資，或幫忙鋪路、種植農作物等雜役。在太平洋戰爭中，台人被徵調者有二十多萬人，約三萬人死在異鄉。

除了軍力的動員，戰時還出動「拓南工業戰士」，前往協助日本在南洋石油開採提煉工作。美日開戰後，日本飛機大量折翼，機源補充迫在眉睫，軍部又動員日本國內及殖民地的青少年，赴日擔任機械製造修護工作。其他還有被稱為「鋤頭戰士」的農業義勇團到華南及南洋戰場負責日軍的糧食生產，以及作為醫護人員的看護婦，附屬在部隊之下前往戰區。而在中日戰爭時期，更動員台籍慰安婦前往南洋各占領區。慰安婦的招募並不完全以風塵女子為對象，雖然有些婦女確實被告知，且自願到海外從事慰安工作，但軍部也透過役場在各轄區從民家抽人頭，或以「奉公」名義抽調年輕女子。其中不乏欺騙以「軍部所開食堂之端菜服務生」、「賣面不賣身的藝旦」等名義到海外去。

圖四　台灣各段歷史示意圖

戰爭的破壞與結束

一九四四年一月以後，台灣開始遭受美軍空襲，高雄、鹽水受重創。十月，美軍登陸菲律賓，為了掩護在雷地島的登陸，美軍展開對沖繩和台灣的空襲，以收牽制之效。千架戰機轟炸高雄、台南、屏東、台東、新竹等航空基地及港灣。美、日軍機曾在台海上空纏鬥，一直到戰爭結束，台灣一共遭受美軍十五梯次的大規模空襲。

在「躲空襲」的日子中，學校關閉，都市居民被疏散到鄉下。台灣在戰爭末期應付戰爭的經濟動員，實已超出了台灣的應付能力，再經美軍轟炸，殘破不堪。戰爭終了，各項工業或告停頓，或萎縮不振，農業生產亦遽告減退，使戰後復原至為不易。一九四五年八月美國在日本本土投下兩顆原子彈，造成嚴重傷亡，十五日，日本天皇向國民宣布向聯軍投降的消息，也同時結束了日本在台灣的殖民統治。

第二部

「霧社事件」史實全紀錄

第一章　賽德克族群組成概述

霧社事件發生於一九三〇年十月二十七日，是一場住在霧社山區的原住民賽德克族事先謀劃的抗日運動。事件爆發點推測是十月初一場馬赫坡社婚宴的敬酒風波，但追溯事件源頭，實則為日人理番政策下對原住民的文化、自由等之侵犯所致，其中更牽涉到霧社山區不同族群間的衝突糾葛。因此，探究霧社事件，除須了解賽德克族與日人的往來關係，更須理解其族群組成及族群之間的互動。

相傳中央山脈的白石山上，一棵名為波索康夫尼（Poso-Kofuni）的大樹，是一半木質、一半堅硬如岩石的異樹。一日，此樹木精化為男女兩位神仙，生下子孫，其後繁衍成為賽德克人的祖先。

賽德克群原共同居住於塔羅灣（Truwan，今仁愛鄉春陽溫泉一帶），在人口不斷繁衍而幾經遷徙下，分散至Tgdaya、Toda、Truku三地，而後即以該地區地名作為族人識別的稱呼，亦發展出各自不同的語群：德克達雅群（Tgdaya）、道澤群（Toda）、土魯閣群

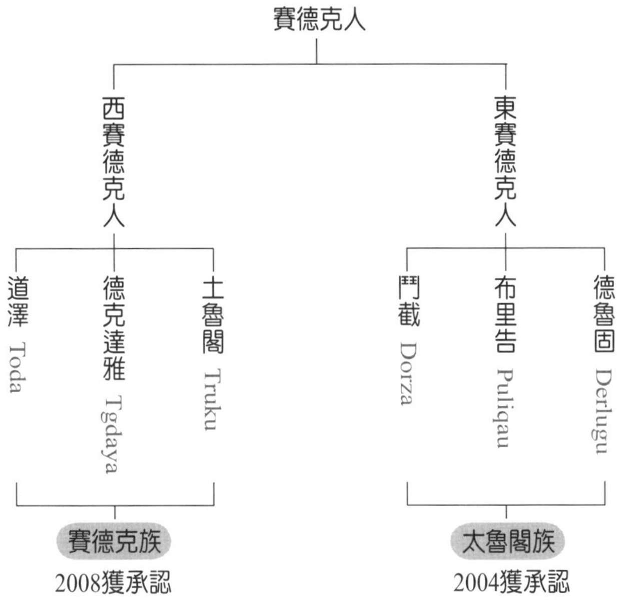

圖五　東西賽德克人

（Truku）。距今約四百到三百年間，這群族人當中，有一部分越過中央山脈，在今花蓮定居，亦即今日的太魯閣族（二〇〇四年官方認定為原住民第十二族），或稱東賽德克群。留居原地（今霧社）者，即為西賽德克群。

二〇〇八年，賽德克族（亦即西賽德克群）成為台灣官方認定的原住民高山族第十四族，自此脫離以往被歸屬的泰雅族，成為獨立的族群。因而，「賽德克族」便成為世居霧社地區的西賽德克群之專稱。在德克達雅群（Tgdaya）、道澤群（Toda）、土魯閣群（Truku）當中，最為日本人所忌憚者，也就是發動霧社事件的「德克達雅群」。「德克達雅」在原住民語中，意為「住在高處的人」或「住在深山的人」，其族人素以彪悍見聞。由於居住地長年籠罩於霧氣中，清朝文獻稱其為「致霧番」，日人則稱為「霧社番」。日治時期，該族由十一個社所組成，著名的霧社事件領導人莫那．魯道，身長一八六公分，威猛善戰，為十一個社之中的「馬赫波社」之頭目。

德克達雅群、道澤群、土魯閣群三者的祖先傳說係出同源，然而累世因耕地、獵場的爭奪，而時有衝突。日治初期，三族皆對日本人的入侵有所防備，然不及合作，便被日本人利用其族群間矛盾來相互征戰，以達成日人以夷制夷的「理番」目的。

第二章　賽德克族與日人的互動（一九三〇年以前）

不論是荷據時期或清領時期，政府當局的統治皆無法深入山區，原住民得以保存自由的獵地與文化。但到了日治時代，日人覬覦山區珍藏的林木資源，因此亦圖征服「番地」，但霧社群剽悍的原住民卻是日人相當頭疼的反抗勢力。儘管在霧社建立了行政體系，仍要防範原住民的出草（即「獵頭」）行動。為深入山地以達成全面控制，日人一邊以拉攏的聯姻手法，一邊則逐步築成隘勇線，以「綏撫番民」。征服霧社的過程當中，族人反抗不斷，奇襲時起，著實耗費日人精力。

早期的深堀大尉考察隊一行全數被滅，日人以「生計大封鎖」報復之。緊接爆發「人止關之役」，日人再以「姊妹原事件」膺懲之。待霧社群勢力大傷，便舉行「和解式」，並加緊建築隘勇線，再利用各部落間的矛盾組成「味方番」，令其相互征戰。在如此處心積慮的經營下，一九三〇年以前，霧社已成為表面上的「模範部落」，因此霧社事件發難之時，甚至有日人視其為非策劃性的偶然「出草」行動。事實上，在日人侵入台灣高山地

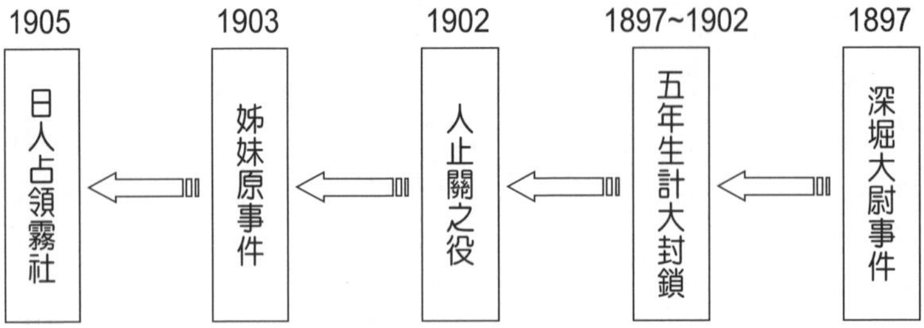

圖六　早期日本人與西賽德克人的互動

區的三十餘年中，早已埋下「擒殺日人而後快」的復仇種子。理解賽德克人長年與日人之互動，便可得知霧社事件中賽德克人憤怒之源由。

第一樁政治婚姻

日人初入台灣之時，首先面對的是漢人的抵抗。在揮兵鎮壓平地居民的同時，日本也看準了山地蘊藏的林木與樟腦資源，而有進攻山區之打算。一八九六年，日人在各地設警察署，編成番地調查隊，並設立十一所負責理番事務的「撫墾署」。埔里社的撫墾署理番官員檜山鐵三郎，同時兼任埔里社支廳長、埔里社地方法院長官，是由台灣首任總督樺山資紀直接指派。派駐當地的檜山鐵三郎及其部下山田良政、近藤勝三郎等，皆是日本軍國主義的極右派。

為了向霧社地區原住民表示友好，檜山鐵三郎迎娶霧社群頭目巴沙歐之女。仗勢著在埔里社的地位，檜山鐵三郎壟斷商業活動，從中獲取暴利，終於在一八九七年五月爆發「埔里社支廳舞弊案」，檜山氏被上級嚴懲，遣返日本，他的賽德克妻子不得不返回部落，成為第一個被日人遺棄的女子。

檜山氏遭到革職後，近藤勝三郎依然受到重用，因為他是個「番通」，不只懂霧社地區的語言，能與原住民溝通，更因手法了得，出入番界自如，且能安然與各族原住民相處。近藤氏也娶了巴蘭社頭目的女兒為妻，「番駙馬」的地位讓他受到日本官方的倚重，在霧社更成為吃得開的人物。有了這樣一位「番通」，日人便得以全力發展入侵山地的行動。

深堀大尉事件（一八九七）

一八九七年三月，日本總督府指派深堀大尉一行十四人組成探險隊，前往霧社調查「番地」，近藤勝三郎作為其嚮導，引領其自埔里社出發，經霧社而抵達土魯閣社。但不巧近藤氏中途因瘧疾發作，離隊返回埔里療養，失去嚮導的探險隊，此後便無消無息。後來埔里撫墾署的調查隊在霧社山區發現深堀氏等一行十四人的屍體，推估應是被賽德克人所殺。此事件震驚日方，日人遂對霧社地區實施五年的「生計大封鎖」，禁止食鹽及生產鐵具的鐵器、槍彈等生活必需品進入山區，並關閉番產交易所，更限制民間與原住民的往來。

人止關之役（一九〇二）

深堀事件後，日人對原住民頗有忌憚，改以強大軍隊為背景，配置隘勇與警察，對霧社山區進行隘勇線的延長與推進。「隘勇線」是用以防衛原住民所建的人工障礙，由鐵絲、木牆、哨站所延伸或拓展組成，而被總督府僱用來戍守此線的人員即是「隘勇」。

一九〇一年，日人開始對霧社山區進行圍剿。首先，日軍在埔里盆地東北緣的觀音山，與泰雅族人交戰，隔年則挺進霧社。一九〇二年四月二十九日，日軍埔里守備隊百餘人欲進入霧社地區偵查，與霧社群約二百多人在人止關附近發生戰鬥，霧社群占高地之優勢，在人止關的稜線上以巨石、木頭，向下方的日人軍隊投擲，令日軍中山中尉、大村少尉等十八人受到輕重傷，損失慘重。該場戰役中，由於日人守備隊員頭戴鑲紅邊的帽子，此後霧社族人便稱日人為「達臘都奴」，原住民語意為「紅色的頭」。

姊妹原事件（一九〇三）

在日人的「生計大封鎖」下，霧社飽受食鹽、鐵器缺乏之苦，耕作、狩獵皆受到影響，陷入生活困境。此時，日人得知布農族與霧社群族人為世仇，遂利用來策動「霧社番膺懲事件」，作為「深堀事件」、「人止關事件」的報復行動。因事件發生在姊妹原，故亦稱「姊妹原事件」。

一九〇三年，日本理番機構要脅唆使布農族干卓萬社，假意提供鐵器以及食鹽，引誘霧社群壯丁一百多人，到兩族的交界——濁水溪畔的「姊妹原」進行交易。干卓萬社先是歡迎霧社群到來，舉行盛大的宴會，霧社族人被灌醉之後，兩百名埋伏的布農族壯丁展開奇襲行動，當場砍殺八十多名霧社群族人，其餘則因為重傷或溺水而死於途中，最後僅剩六、七人逃回部落。經過「姊妹原」一役，霧社地區的德克達雅群損失慘重，勢力大為衰退。

被迫舉行「和解式」（一九〇五～一九〇七）

一九〇五年，日人在霧社隘勇線建立中央監督所，並脅迫霧社群土岡、西寶、巴蘭、塔卡南、卡茲庫、羅多夫、荷歌諸社進行第一次「和解式」，再以「埋石山方面隘勇線前進行動」占領霧社，自此霧社成為日人的理番中樞。日人允諾恢復與原住民的生計物資交易，但規定族人不可進入隘勇線、不得在隘勇線附近出草、須絕對遵從官廳命令等條件。表面上霧社群屈服於日人的武力和生計封鎖，但心底的抗日怒吼，正逐漸形成並不斷擴大。

一九〇六年，號稱鐵血總督的佐久間左馬太上任，理番計畫又攀升至一高峰。佐久間在任內推動五年理番計畫，首先就面臨花蓮太魯閣地區的原住民抗日（威里事件），日人投入大規模的軍力鎮壓，並在此役之中，急速開闢霧社至花蓮港間的警備道路，再度延長了隘勇線的推進。一九〇七年初，日人脅迫德克達雅群的馬赫坡社、波阿崙社舉行「和解式」，並延長隘勇線的推進。年中，又脅迫道澤群、土魯閣群舉行「和解式」。到了一九〇八年，霧社已建立了警察官吏駐在所、荷歌駐在所。

借霧社群之手炮擊同族人（一九〇七～一九〇九）

一九〇七年十月，近藤勝三郎進入霧社，欲實施理番當局所推動的「甘諾政策」。甘諾政策是五年理番計畫的一環，所謂「甘諾」，即是令原住民甘心承諾在其境內設置隘勇線。日人只要建立起隘勇線，便能以雄厚的武力箝制原住民，壓制其抗日事端。此時，近藤氏欲說服霧社群族人「甘諾」日人延長立鷹一帶的隘勇線。此線起自萬大社前濁水溪畔，一線至立鷹，一線延伸至北港溪畔接舊有之隘勇線，地形險要。若此線築成，其要點便可控制霧社群、道澤群、土魯閣群的大小所有部落。

近藤氏首先召集霧社群各頭目開會，席間各社皆反對設置隘勇線，但近藤氏深知霧社群（即德克達雅群）與道澤群、土魯閣群的矛盾與對立，便說「立鷹線的延長主要針對道澤群及土魯閣群」，而非針對「已經歸順日人的霧社群」，且霧社群將得到肥沃的霞關土地作為報償。為了表示其誠意，進藤氏更向霧社群的主力部落——荷歌社頭目阿威・諾干表示，自己願意入贅其家，迎娶頭目的女兒。這是近藤勝三郎第二度政治婚姻，前一次是和巴蘭社頭目之女締結婚姻。巴蘭社與荷歌社是賽德克族德克達雅群中勢力最強大的兩個社，但巴蘭社在姊妹原事件中，壯丁損失慘重，故近藤氏看準了另一主力部落荷歌社，企圖藉由聯姻擴大其影響力。

一九〇九年，荷歌社舉辦了盛大的結婚宴，婚宴期間，日人即出動野炮、山炮、臼炮，對道澤群、土魯閣群展開炮轟，兩族人死傷慘重。而「番駙馬」近藤氏在喜宴後立即率領了數百名霧社群壯丁占領三角峰，這些壯丁日後更擔任日人警備，防止道澤群、土魯閣群的進攻。在霧社群的配合下，日人順利推進隘勇線，並建設了立鷹、三角峰兩處的炮台。

日人處心積慮挑起族群間的仇恨，看來頗為成功。在隘勇線推進的同時受到炮擊的道澤、土魯閣兩族群，對霧社群的嫌隙日益加深。但霧社群並非全然地服膺於日人，其中的馬赫坡社始終反對隘勇線的建立，頭目莫那．魯道持續號召有力者襲擊建築隘勇線的日人，日人也一再出動武力延長隘勇線，縮小原住民族的生存空間。由於祖先留下來的土地不斷被收奪，雙方的關係日趨緊張，原住民人人敢怒不敢言。

泰雅族與賽德克族的反攻（一九〇九～一九一一）

泰雅族的馬力巴、白狗兩社也在隘勇線的推進下陷入日人的控制。一九〇九年三月，白狗群首先發動奇襲，將擔任隘勇的日警殺害後，奪取彈藥，但隨即被日人弭平，並延長北港溪隘勇線。五月，白狗群又聯合馬力巴群抗日，但依舊寡不敵眾，事後日人建立隘勇監督所，並脅迫道澤群、土魯閣群繳械歸順。

一九一〇年五月，日人在延長北部的隘勇線時，爆發合歡群抗日事件，日人派遣霧社地區賽德克族人前往支援，族人眼看是反擊日人的好機會，便發動「襲擊腦寮事件」，攻擊駐在所日警。日人馬上派南投廳長久保率警力一千餘人，深入霧社山區進剿。由於日軍掌握制高點，且擁有威力強大的炮台，賽德克人難以抵抗，日人亦乘機進攻土魯閣群各社。一九一一年元月，各社皆被迫繳出槍枝。日人共計沒收一千二百一十枝槍，並趁機命令霧社、萬大兩群交出其保存的一千餘個頭骨，將其掩埋。此後一直到一九一二年，日人又推進了眉原方面的隘勇線，脅迫各群服從其武力。

赴日觀光（一八九七、一九一一）

領台初年，處心積慮的日人安排有勢力的台人與原住民部落頭目赴日觀光，用意在宣揚日本國威，使其不敢再生反叛之心。一八九七年，總督府邀請台灣淺山地帶的部落頭目前往日本，遊歷長崎、大阪、東京等都市。日本官方對此行的成效相當滿意，聲稱前去的頭目對日本皆萌生敬畏之心。

一九一一年，舉辦第二次赴日觀光，霧社地區的主力部落巴蘭社、荷歌社、馬赫坡社頭目皆被安排前往，時年三十歲的莫那．魯道也在此列。這段旅行為期四個月，沿途參觀了造船廠、博物館等建築。令莫那．魯道感到驚訝的是，日本人的數量竟如此多，而且還有專門教人殺戮的學校、負責製造武器的軍工廠，但當地警察待人的態度並不像霧社的警察那樣蠻橫，相較之下他對霧社的理番警察更加厭惡。同至日本觀光的巴蘭社頭目瓦歷斯．姆尼、荷歌社頭目塔達歐．諾干兩人的心思則異於莫那．魯道，眼見國力如此強大的日本，而生親日之心。

薩拉茅事件（一九二〇）

一九一九年初流行性感冒大爆發，在霧社各個部落間蔓延，也散布到了大安溪的泰雅族北勢群。由於族人大量生病死亡，原住民認為病毒乃是由異族傳入，需獵取首級作為驅邪的法物，因此頻頻出草及襲擊派出所，擊殺數名日警及隘勇。日人只能在隘勇線架設通電鐵絲網，並設立警察飛行班，在山區偵察飛行以為警示、嚇阻。但隨著流行病的疫區逐漸擴大，日人抑制不住各社原住民的出草行動。只得改變策略，編制游擊隊，讓原住民各族間相互征戰。

該年十一月底，泰雅族薩拉茅群發動襲擊，攻擊正在監修道路工事的兩名日人巡察，負傷的日人力求報復，便出動武力炮擊薩拉茅群。族人不甘示弱，又在十二月三日發動襲擊事件，造成三名巡察的死傷。翌年（一九二〇），薩拉茅、斯卡謠兩社聯合奇襲合流點分遣所，殺死日警及其眷屬七名，此事稱為「薩拉茅抗日事件」。

日人決心採用「以夷制夷」的手段，霧社支廳長長崎重次郎偕同馬力巴警戒所的下山治平、白狗駐在所的佐塚愛祐（後升任為霧社分室主任），強迫白狗社及馬力巴社之泰雅族人組成「味方番突擊隊」，殘殺自己的族人。此外，亦脅迫霧社地區其他族人投入「味方番突擊隊」，德克達雅群（霧社群）下諸社、道澤群、萬大群共出動近千名壯丁，向薩拉茅族人「出草」，其中，德克達雅群便出動五百六十二名。

直至戰爭結束為止，歷時兩個月。馬赫坡社頭目莫那・魯道、荷歌社頭目塔達歐・諾干皆在出征之列。「出草」原為日人嚴禁的「落後文化」，但在日方的理番政策下，完美地被利用作為「效忠日本」的戰鬥，原住民雖是出於被迫，但勝利的戰鬥成果亦令其感到光榮。當然，他們的心中並非為日本效命，而是為了榮耀祖靈、驅除病魔、守護自己的族群。

一九二〇年中，凱旋歸來的霧社群族人，在日方的獎勵下，舉行了被禁止許久的「首級祭」。當天，各社族人被通知前來霧社支廳，迎接獵來二十五個薩拉茅群頭顱的勇士。婦女們為勇士準備盛裝，用竹筒提著小米酒釀，聚集在霧社支廳前廣場。支廳長長崎重次郎大力慰勉霧社群的勇士，並與各社頭目一同合影留念，為表重視，日人安排頭目們坐在主位，並將二十五個敵方首級一字排開，置於前方，留下歷史的見證。合影後開始舉行祭典，族人將小米酒餵入敵首口中，再取出血酒與族人共飲，然後眾人圍著敵首共舞。一直歡慶到夜幕升起，族眾再迎著族內勇士回部落慶功。

出草、首級祭早在一九〇三年便因「殘暴」、「不文明」被日人禁止，但日方為鎮壓原住民，將部落傳統作為其建功之「獎勵」，居心可議。薩拉茅事件雖帶給霧社群一時的榮耀，實則升高部落間的不睦與緊張感，成為十年後霧社事件中「味方番」出動的遠因。

薩拉茅事件後，日人鑑於防備上的缺乏，開始加緊開拓道路、建築鐵線橋和駐在所。一九一四年起開始修築的警備道路，到一九二八年全部完工，包括今日的合歡越嶺道、能高越嶺道、北橫公路、蘇花公路等共十四條。一九二八年亦築成埔里武德殿，一九三〇年則有霧社產業指導所、馬赫坡鐵線橋、馬赫坡駐在所等建設的完工。

第三章　霧社事件起因綜述

台灣是日本第一個海外殖民地，相對於林礦資源缺乏的日本島，台灣山林間眾多極具經濟價值的豐富資源（檜木、樟腦、茶葉、礦產等），就成為日本據台初期戮力經營的重要目標。也因此，據有大片山林的原住民成為日人開發的最大阻礙，如何除去障礙就是日方規劃「理番政策」的重點。

一九〇二年十二月，台灣總督府參事官持地六三郎提出「有關番政問題的意見書」，建議台灣總督應採取「經濟主義」的理番政策。持地的意見書中提到，「番人」從社會學上看雖然屬於人類，但從國際法上看就與動物無異。故為了帝國的經濟和財政上的利益，應該重視「番地」，並對「番人」發動討伐，甚至可以滅絕「番人」。只是討伐並將其滅絕的成本太高，所以建議採取「討伐」和「撫育」並重。

持地的主張，特別是「討伐番人」的部分，被第五任台灣總督佐久間左馬太加以採用，並輔以「以番制番」策略，大肆展開剿番戰役。但直到佐久間總督卸任，日方仍無法澈底征服原住民，所以曾任總督府番務總長的大津麟平，依其從事理番事務八年的豐富經驗，再次建議理番政策應採取「討伐」和「撫育」並重。大津特別在「理番政策原議」中強調，理番政策的最大目的就是為了經濟利益。故為達成此目的，日人首先用「討伐」的手段，從「番人」手中沒收槍枝，然後再以引進文明的名義實施教化，讓「番人」不再以狩獵維生，甚至強迫他們遷移至他地進行農耕與其他勞動。如此，日人便能得集中管理之便，還能有效利用「番人」的勞力來開發殖民地，大肆取得帝國所需的資源。

但對霧社群的原住民來說，就算迫於無奈的歸順日本，甚至被利用來打擊自己的同胞，面對日漸縮小的生存地，及日方愈來愈嚴密遍布的警備設施，不可能沒感覺到強烈的威脅，他們甚至認為日方的所有警備設施一旦完備，他們不僅會失去祖先與祖靈的居住地，還將可能被日人殺戮殆盡。所以霧社事件發生以前，原住民已經不斷發起大大小小的抗日行動。

日本人對於原住民的反抗亦心生恐懼，不斷地調整因應措施來對付。但無論如何，日人在根本上歧視原住民的心態，透露在外便成為對其的欺凌與冒犯，如警察的欺壓、經濟的剝削、對原住民女子始亂終棄，種種作為皆刺傷了原住民的尊嚴，加上文化迥異的衝突，便成為一九三〇年蜂起抗日的霧社事件遠因。積聚許久的憤怒，當被「敬酒風波」造成的緊張關係引爆，無疑地釀成台灣史上最壯烈的反殖民抗爆戰爭。

歷史知識家

日人征討原住民的紀錄中，最後歸順的是高雄旗山郡布農族瑪后社，其頭目拉后．阿雷帶領兩百餘名族人，在當時的高雄州廳大門舉行歸順式，其時間為一九三三年四月二十二日。

警察的欺壓

在理番政策下，日人將原住民所居住的山區劃為「特別行政區」，並按照日方所頒發的殖民法規，特別行政區內不施行日本國的民法與刑法，而是全權交由警察來控制與干預。從中央機構來看，警務局理番課下有監察、整備、授產、教育、衛生、交易、番地開發六股，可謂生活上一切事務，皆由警察掌控。警察除了擔任其日常生活的指導者，對原住民甚至握有生殺大權。尤其，深入山林部落到處設立的警察駐在所，更嚴重衝擊到原住民部落的頭目地位，當時在山區擁有武力可以支配一切的，不是部落頭目而是日本警察。

平地警察的末端機構是派出所，而掌管山地的理番警察則以「駐在所」為末端機關。駐在所是為了對原住民加以監視、管理的警備單位，負責駐在所的即是理番警察。佐久間總督的五年理番計畫後，全台有二百零二個駐在所，一九一七年甚至激增至八百三十一個。駐在所的不斷增加，表示日本人對原住民領地的入侵不斷擴展。

致力於開發殖民地的日本政府，為了優待願意入山的日籍工作人員，除了正式警察外，皆一律給予警察或隘勇的名義。故就算身分實際上是木匠或鐵匠等，也都可以假借警察名義來對原住民進行壓榨與剝削。加上見到入山待遇高，還可握有極大權力，讓許多日本浪人、惡徒、素行不良的警察都紛紛申請前往「番地」，讓番地警察的整體品行、素質更加惡劣。

警察對「番人」任意搜查、辱罵，不高興時甚至還會毒打；警察利用義務苦力制度，隨意強迫「番人」無償從事無論公私大小之勞役，例如道路建設、鐵路修築、興建日人之房舍、學校等建築、日人住戶之清潔掃除等；警察對受僱從事伐木、運輸等勞作的「番人」苛扣或遲發工錢；一些好色的警察，還會隨意欺侮、姦淫原住民婦女等，諸如此類警察對原住民的殘酷暴行時有所聞。特別是霧社事件發起人莫那．魯道，在一九一一年被安排前往日本參觀，當他看見日本警察對待同胞的態度溫和且彬彬有禮時，與台灣的「理番警察」對原住民惡言相向、拳打腳踢的惡劣行徑相對照，讓他深刻感受到族人所受到的欺壓，更加深他對日人的反感。

過度勞役與經濟剝奪

日人為了將霧社區建設成模範部落，往往將原住民當成廉價勞力的來源，任意役使、強迫其從事如砍伐森林、運輸等苦工。不僅如此，日警還會依各部落與日人的合作狀況分配不同的工作，分給親日方的道澤群和土魯閣群部落，便是較為簡單的整地工作，給巴蘭社則是採砂石工作。而最辛苦最艱難的工作都分配給與日人對立，所謂「不良番人」最多的馬赫坡社、荷歌社等部落，不僅要求他們砍下對族人來說代表神聖的樹木，還被要求以肩扛回樹幹避免傷害木材，如果沒做到就會遭到毒打挨罵。

這些興建工程的勞役工作基本上算是聘僱的性質，所以會有工資發放。但發放工資的

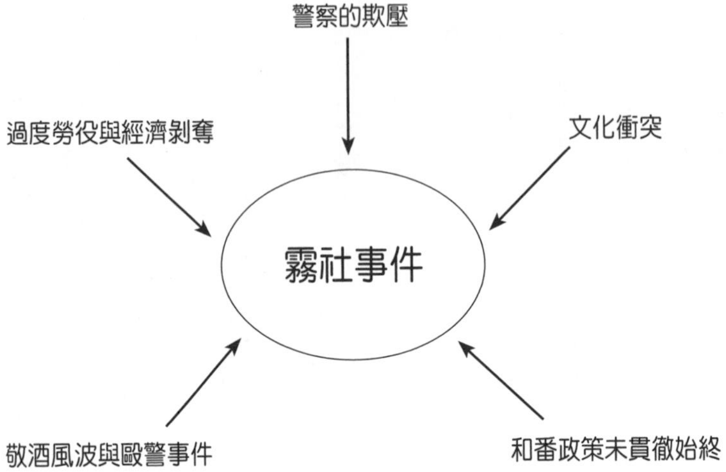

圖七　霧社事件遠近因

時候，也是日警抽頭貪汙的時機，所以苛扣或甚至不給（例如用鹽代替工資）的情形時常發生。當時的每日工資，平地漢人為六十日錢，而全台原住民平均則為四十日錢，但霧社區的原住民卻只有二十至三十日錢。不但如此，霧社區還採「工人票」制度，也就是先登記勞動日數，等竣工後才發給工資。工資的多少，還會依與日人的合作程度而有所差別，像親日方的道澤群、土魯閣群與巴蘭社等部落，可以拿到十日的工資；馬赫坡社原住民扛著木材翻山越嶺走兩天的路，卻只算一天份的工資，更有甚者，直到霧社事件爆發之前，都沒付給他們任何一文錢。

　　除了這些強制勞役外，原住民也常被日警濫用職權隨意徵召，從事維護馬路、房舍清掃等完全免費的義務勞役。加上勞役工作從不配合原住民農耕及打獵的時間，幫日人辛苦工作之後又拿不到工資或工資微薄。因為勞役工作，原住民的農事生產被迫停擺，打獵又受到極大限制（例如獵槍還要用租的），但獵物（鹿茸、毛皮等）卻常被日人或漢人以極便宜的價格收購，轉身再以高價賣出牟取暴利。而因糧食生產不足，也沒有錢可以換取足夠的糧食，連傳統服飾的編織工作都被禁止（日人要求原住民必須購買日本的布料），原住民的生存問題陷入澈底的困境。

文化衝突

原住民的生活方式為到處遷徙移動的游耕，以及需要追著獵物跑的狩獵，所以他們從來不認為擁有所生活的山林，重視的也只是土地的使用權。但日本是個現代體制的國家，擁有土地私人所有制，身為日本殖民地的台灣，所有一切都應該屬於日本帝國。因此蘊藏豐富資源的山林，除非提出私人擁有證明，否則一律為國有土地。看中山林裡利益的日人，在奪取山林土地的同時也掠奪了原住民的生活空間與經濟領域，原住民的抗日活動多基於此因而產生。

此外，自視為進步文明的一方，以教化「落後的番人」、推行現代化為傲的日本人，認為是恩澤地強迫並廢止所有原住民的生活傳統與文化。例如指導種稻、養蠶，以取代游耕與打獵；設立學校，普及日語，以便推行同化政策；設立公共廁所及公墓等衛生設施和醫務所；禁止文面、出草、屋內埋葬等風俗習慣；設立交易所將以物易物改成貨幣買賣等。

賽德克人的習俗根植於千百年來的傳統，並牽涉到整個部落中心思想與祖靈信仰等更複雜的層面。他們敬畏祖靈，嚴守祖訓Gaya，有著日人所不明白的一套完整緊密的社會規範。像文面所代表的是部落中身分地位的認可，以及能否回歸靈魂之鄉的證明。賽德克族原住民姓名的取名方式為「父子連名」，孩子的名字與父親的名字相連，父親的名字與祖父的名字相連，祖父的名字與曾祖父的名字相連，故名字也象徵了族群延續並可光耀祖靈。被強迫更改日本名字，就代表斷了根源，與祖先斷絕了關係。出草所代表的意義有許多，像是表達自己的清白、驅邪等，是部落非常重要的祭典，並不能隨意舉行，必須遵守嚴格的戒條，就連出草的對象或人數都有詳細規定等，所以當日人強迫原住民放棄他們刻劃在靈魂中堅信不移的傳統時，或故意要他們砍伐聖地的樹木這類褻瀆神靈的行為，強烈的憤怒與恐懼就導致原住民對日人的仇恨更深。

任意操縱埋石祭與和解祭，也觸犯到原住民的莊嚴文化。埋石祭律法是原住民表達對土地有使用權的方式，也是最具效力的律法，用來約定各部族間的獵場，以石為界，和平相處，其所蘊含的意義為誠信、誓言與守諾。「和解祭」是當雙方有過節將採行報復手段時，為了避免損害過大，所以舉行和解祭來將所有的恩怨一筆勾銷。日人在了解到原住民有這樣的傳統時，卻非理解並接受，而是利用來奪取原住民賴以生存的土地，並強迫他們不能報復（對象包括敵對部落與日人），讓日人便於管理。

在嚴格的Gaya祖靈遺訓中，部落裡人與人的關係是親密和諧的，例如大人和小孩的獵物公平分配，寡婦也會受到照料等。而賽德克族雖屬父系社會，婦女也受到相當的禮遇，是個實際上女男平等的平權社會。在婚姻制度上，賽德克族的族訓是嚴格的一夫一妻制，所以杜絕同居、婚外情、未婚生子等違犯祖訓的男女異常關係。日警對原住民婦女的不尊重與欺凌，完全呈現在惡劣的行徑上，像用強權脅迫原住民婦女婚嫁，之後又隨意遺棄；好色的警察隨意欺侮、姦淫原住民婦女，甚至誘騙原住民婦女將之賣掉為娼等，都更加深了原住民對日人的仇恨。

和番政策未貫徹始終

日人治台時很少和台灣人結婚，但卻鼓勵番地的日本警察和原住民勢力者聯姻，目的就是為了加強對原住民的控制，消弭他們的抗日意識順便收集部落情報。日治初期的埔里社支廳長檜山鐵三郎與霧社群締結第一樁政治婚姻後，近藤勝三郎先是迎娶巴蘭社頭目之女，後與荷歌社頭目之妹聯姻。當馬赫坡社因莫那．魯道的英勇善戰逐漸成為霧社群的主要勢力後，近藤勝三郎更安排自己的弟弟近藤儀三郎迎娶莫那．魯道的妹妹狄娃絲．魯道。如此一來霧社群勢力最大的三大社——巴蘭社、荷歌社、馬赫坡社，皆在近藤一家的掌控與箝制之中。

與原住民聯姻的日人，還有後來成為霧社分室主任的佐塚愛祐，他娶了白狗群頭目之女亞娃伊．泰目為妻。其他如馬力巴社頭目之女貝克．道雷嫁予下山治平，薩拉茅社頭目之女則嫁予日警下松仙次郎等。由於文化、語言上的差異，加上日本殖民式的侵略行動，嫁給日人的女子只是其政治工具，當日人在部落的目的達到後，往往將原住民妻子拋棄。

其中，近藤勝三郎的舉止最令原住民氣憤，他先娶了巴蘭社頭目之女為妻，又取荷歌社頭目之妹為妾，違反堅守一夫一妻制的族規Gaya，令兩社人民相當不滿。一九一八年他獨自到花蓮發展後，也遺棄了荷歌社的妻子。而莫那．魯道之妹在一九一六年隨日人丈夫近藤儀三郎調職至花蓮，近藤儀三郎在一次勤務中不慎掉落山谷失蹤，雖日人一再聲稱其只是失蹤（但族人皆認定是故意拋棄原住民妻子），卻並未加以撫卹，狄娃絲．魯道只得隻身回到部落。同被日警下山治平遺棄的泰雅妻子貝克．道雷，日人卻安排其在駐在所內工作。看到妹妹遭到不平等對待，如此悲慘的際遇讓身為兄長的莫那．魯道更堅定了抗日的心志，並導致之後抗日事件的籌謀以及霧社事件的爆發。

敬酒風波與毆警事件

首次的敬酒風波，發生在荷歌社頭目阿威．諾干狩獵到一頭山豬，回家路過駐在所時。阿威被日警熱情邀請入內敬酒，喝夠了想要告辭，而喝得正開心的日警卻一直敬酒，所以阿威便以母語baga婉謝。在日語中baga是「禽獸」的意思，但賽德克語中卻是「夠了、夠多了」的意思，所以因語言誤會而惱羞成怒的日警招來其他同僚集體施暴，最後阿威傷重不治，由其弟塔達歐．諾干繼任頭目。這個頭目遭日本人毆打致死的事件，也讓荷歌社族人懷恨在心。

第二次敬酒風波發生在一九三〇年十月七日，那天馬赫坡社正在為部落的青年舉行婚禮，而部落的族人也殺豬宰羊的設宴歡慶。當時日本警察吉村克己剛好路過，莫那．魯道的長子塔達歐．莫那熱情地邀請吉村一同加入婚宴，並想依部落的最高禮儀與吉村一同進行「兄弟飲」（賽德克習俗中，兩人並肩貼臉對嘴共飲同一杯酒，以示友好同心），但吉村卻嫌塔達歐．莫那滿手沾滿剛殺過山豬的豬血骯髒，粗暴地拿警棍打掉塔達歐．莫那手中的小米酒酒杯，此舉激怒了塔達歐和巴沙歐兩兄弟，不由分說就和日警吉村大打出手。

毆打警官在當時是相當嚴重的罪行，而且還是被歧視的「番人」動手毆打日籍警官，所以消息傳回霧社分室之後，佐塚主任在震怒之下決定嚴辦塔達歐．莫那及巴沙歐．莫那兩兄弟，連帶莫那．魯道也以未能阻止暴行被連坐懲處。儘管莫那．魯道事後曾兩次帶著塔達歐兩兄弟到馬赫坡警察駐在所向吉村登門致歉謝罪，但吉村偏偏堅持要呈報懲處公文到台中州能高郡。

莫那．魯道唯恐日本警察對族人不利，心中再次升起抗日的念頭。他曾去過日本觀光，見識到日本人數之眾、武器精良，深深明白這是一場沒有勝算的戰爭。即使如此，若日本人傲慢又霸道地將他逼入絕境，為守護山林與祖靈，賽德克族人也絕不畏懼！

表十一　甘諾政策下的原住民與日人婚姻

族群	女方（原）	男方（日）	結果
霧社群	（總頭目巴沙歐之女）	檜木鐵三郎	因埔里社支廳舞弊案，檜木遭法辦，女方被遺棄。
巴蘭社	（頭目之女）		近藤為迎娶娥賓，遂拋棄巴蘭社的妻子。
荷歌社	娥賓・諾干（頭目之妹）	近藤勝三郎	近藤至花蓮發展，將娥賓遺棄，令其回部落。
馬赫坡社	狄娃斯・魯道（頭目之妹）	近藤儀三郎	近藤在花蓮失蹤，狄娃斯隻身回部落再嫁，所生孩子夭折。
白狗群	亞娃伊・泰目（頭目之女）	佐塚愛祐	佐塚在霧社事件死亡，亞娃伊獨立撫養兒女。
馬力巴社	貝克・道雷（頭目之女）	下山治平	後又再娶日本妻子，與其一同回國，拋棄貝克母子。
馬赫坡社	比拉・古柳（頭目堂妹）	中田安太郎	中田於埔里病死，比拉至糖廠當女工維生。

第四章　霧社事件前後

一九三〇年十月七日，日警吉村克已和莫那．魯道的長子塔達歐．莫那發生互毆事件，馬赫坡駐在所和霧社分室主管乘機向上級呈報要求嚴辦莫那．魯道父子。但台中州能高郡當局對處理此案的態度卻顯得異常謹慎，雖然拒絕接受莫那．魯道的道歉，卻也遲遲不表示該對莫那．魯道父子進行何種處分。

莫那．魯道深知日人復仇的恐怖，便偕同荷歌社青年開始遊說霧社附近的幾個部落參加抗日的工作，但附近的大部落都無參戰意願，連規模最大的巴蘭社也因「姊妹原事件」元氣大傷後拒絕了。願意參加的六個部落除馬赫坡社外，還有霧社群中的斯庫社、塔羅灣社、波阿崙社、羅多夫社及荷歌社。

策劃與祕密聯絡

一九三〇年十月二十四至二十六日，是決定霧社事件的關鍵日子。

十月二十四日，荷歌社族人藉著籌備族中青年的婚禮，偷偷聚首商議如何發動抗日行動，並派比荷．沙波與泰摩．克頓將大家的謀議，傳達給正暗自籌劃起事的莫那．魯道。

十月二十五日，比荷．沙波與泰摩．克頓一大早就出門並託稱是上山開墾，但實際上是接受莫那．魯道的派遣，到各部落進行祕密連絡，首先就獲得了塔羅灣社頭目的響應。同時，馬赫坡社也派人以宰殺共有牛隻的名義，前往波阿崙社聯繫。

十月二十六日，比荷．沙波又前去馬赫坡社與莫那．魯道見面，當天稍晚，比荷．沙波與願意加入抗日起事的巴蘭社三名壯丁碰頭，將抗日起事的訊息傳遞給他們。之後，忙著聯繫其他部落的比荷．沙波，請其中二名巴蘭社人，監視其出身萬大社的妻子，而自己則和另一名巴蘭社人前往塔羅灣社，邀請塔羅灣社一同到荷歌社協商。該日深夜，莫那．魯道與荷歌社頭目塔達歐．諾干、波阿崙社的勢力者及塔羅灣社頭目長子泰摩．莫那等，舉行密謀籌劃抗日行動的布置，最後決定先兵分多路，由莫那．魯道長子塔達歐．莫那帶數名族人攻擊賽德克族聖地的日人製材所，而莫那．魯道則同次子巴沙歐．莫那以及其餘各社的族人，分頭攻擊部落附近的駐在所，搶奪所需的槍械彈藥，切斷所有對外的電話線路，然後再集結到霧社公學校潛伏準備發動總攻擊。

每年十月二十七日，為了紀念明治天皇的胞弟北白川宮能久親王於攻台時陣亡，霧社分室會於這天舉辦「台灣神社祭典」，該日前後也會有一系列的「振興學術技藝」、「獎勵體育」等運動和展覽活動，還有遊藝會與聯合運動會等。霧社地區一年一度的盛大運動會，除了霧社小學校的日籍學生外，霧社公學校和八所番童教育所的原住民學生和少數漢人學生皆需參加。當天，不僅日籍學生的家長們會去參觀，霧社地區各機關首長，包括能高郡郡守以下也都會應邀列席。另外除了少部分必須輪值的警察，其餘多數都會趕來參加這一年一度的盛事。而從前日的遊藝會到二十七日的運動會這兩天，是日方警備最鬆懈的時期。二十七日當天還會因為舉行聯合運動會，霧社分室與各駐在所之間就不做早上七點應有的例行聯絡；列席運動會時，大部分的警察也不會攜帶武器，所以十月二十七日是霧社群族人發動抗日行動不可多得的最佳時機。

表十二　霧社事件起事六社

社名	漢譯	起事頭目	霧社事件前居住地
Mehebu	馬赫坡	莫那・魯道	精英村廬山溫泉區。現由土魯閣群居住。
Gungu	荷歌	塔達歐・諾干	春陽部落，現由道澤群居住。
Truwan	塔羅灣	莫那・比卡歐（子）泰摩・莫那	春陽溫泉南方武令山區至塔雅塔羅灣。現由土魯閣群居住。
Boarung	波阿崙	達那哈・拉貝	濁水溪上游廬山部落。現由土魯閣群居住。
Suku	斯庫	畢夫・莫那	雲龍橋上面朝平靜部落左岸峭壁上方台地。事件後社被廢除，現由土魯閣群居住。
Drodux	羅多夫	巴卡哈・布果禾	仁愛國中及鄰近台地，現由道澤群居住。

霧社事件那一天

一切準備就緒。一九三〇年十月二十七日凌晨三點半，莫那・魯道次子巴沙歐・莫那先假裝父親半夜急病，以急需藥物來治療父親為由，哄騙日警打開駐在所大門，讓馬赫坡的勇士順利攻破馬赫坡駐在所，並格殺所有駐在所內的警察與眷屬。馬赫坡頭目莫那・魯道提著第一個獵到的敵人首級——杉浦巡查的首級，向部落以及部落聯盟的族人宣示抗日的決心，並宣告抗日戰役全面開始。同一時間，莫那・魯道的長子塔達歐・莫那也帶人攻擊日人故意設在賽德克族聖地的製材所，並先殺了日警吉村和岡田，要他們為砍伐聖木、汙衊聖地付出代價。

二十七日上午五點半，巴沙歐・莫那率領四十餘名馬赫坡社勇士，前往塔羅灣社與十名塔羅灣社勇士會合，共同襲擊櫻駐在所。六點左右抵達荷歌社，與比荷・瓦歷斯等三十名荷歌社勇士集合，攻擊荷歌駐在所。同時間，波阿崙社族人也召集了十餘人，攻擊波阿崙駐在所，殺光駐在所內的巡查一家人，並搶走槍枝彈藥。然後再繼續前往屯巴拉駐在所，進行攻擊。各路的抗日志士在攻擊駐在所時，也都順便切斷電話線路，破壞日本警方的通訊系統。

上午七點左右，莫那・魯道在荷歌社集結各社人馬，將抗日志士分為「青年組」和「老年組」。「青年組」由塔達歐・莫那指揮，約一百多名，負責襲擊霧社公學校運動會；「老年組」則由莫那・魯道指揮，約莫七十餘名，負責襲擊霧社分室及日警宿舍、郵局、旅館等，並掠奪霧社分室倉庫內的武器。然後，兩隊人馬就悄悄地潛伏在攻擊目標附近，等待開戰信號響起。

上午八點，運動會開幕式正式開始，當日本的國歌隨著升旗典禮悠揚響起時，塔達歐．莫那率領著「青年組」衝入公學校操場開始屠殺在場的日本人，並追殺所有逃跑與躲藏者。而莫那．魯道就帶著「老年組」開始按計畫攻擊霧社分室、宿舍、郵局等。上午八點五十分左右，當時參加運動會的一名日警躲開了原住民的突襲逃到眉溪駐在所，並第一時間通知了能高郡役所向其求援，霧社事件的爆發迅即震驚了台灣總督府的日本高層。

霧社公學校的襲擊行動之後，莫那．魯道也按照計畫兵分多路，沿著能高越嶺路東西幹線逐步攻擊各個駐在所，不僅切斷電話線路，也破壞吊橋、台車鐵路等，阻斷所有對外交通，並陸續搶得日警的槍械彈藥。抗日隊伍襲擊霧社後，開始往眉溪、埔里方向推進。

事後統計，六個部落共計約三百名勇士，襲擊了一個警察分室、十二個駐在所，除了霧社分室和馬赫坡駐在所外，其餘的均被憤怒的族人燒毀。被殺死的日本人共計一百三十四名，殺傷二百一十五名，掠奪槍枝一百八十支和子彈三萬餘顆，山炮和野炮用的火藥兩千多包。當時住在霧社區的漢人有兩百多名，有兩名不幸被誤殺。一名是漢人小

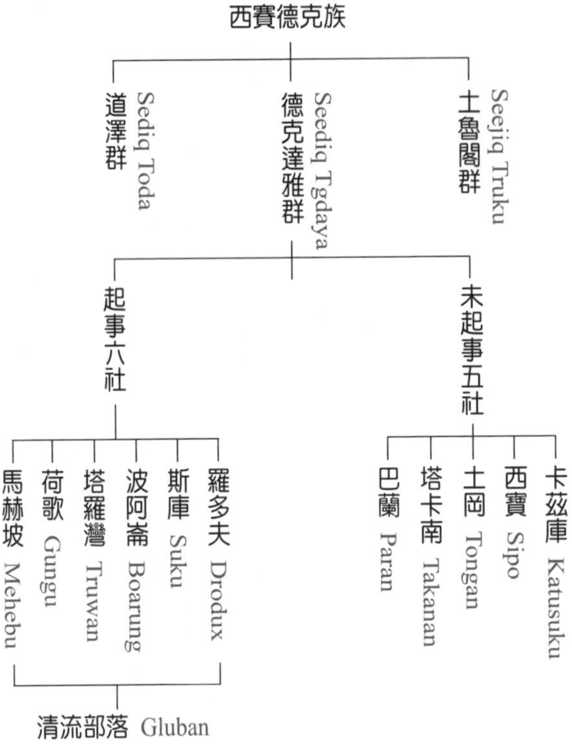

圖八　西賽德克族一覽

女孩李彩雲，因身穿和服被誤認所以遭到殺害，另一名則是開商店的漢人老闆劉才良，被流彈波及而身亡。

起事六社「獵頭式」的殺戮，一開始被解釋為原住民出草行動。但由僅誤殺了兩名漢人且專殺日本人來看，顯示這是一場有計畫的對日抗暴起義，絕非偶然性的出草。

第五章　日人武力鎮壓

出動飛機、大炮

霧社事件發生的第一時間，抗日的賽德克族人便將所有對外的電話線路切斷，理番當局幾乎完全失去霧社的訊息，只能透過十月二十七日上午八點五十分第一時間的回報迅速做出反應。當天下午四點，日軍出動兩架四人編組偵察機，執行局勢偵察與威嚇射擊的飛行任務，抗日的賽德克族人隨即逃竄入山林之間。為了澈底壓制反抗情緒，避免從霧社地區蔓延至全台各地，理番當局封鎖了關於霧社地區反抗事件的所有消息，並立即動員各地的警察部隊與駐軍（台中州、台南州、台北州、花蓮港廳），調來屏東第八飛行連隊的四架飛機進駐埔里，並組成軍警聯隊兵分四路夾擊霧社地區。

東向部隊從花蓮港廳沿能高越嶺道路西進；西向部隊從埔里沿眉溪道路進攻；南向部隊由武界、干卓方面推進；北向部隊由台北州，沿著翻越皮亞南的道路，從東勢郡大甲溪南下進入霧社。另外還調派了台北山炮兵大隊（配置八門山炮）與警察炮隊（由台灣總督府警務局配發山炮二門、十二栂臼炮三門）組成炮擊陣掩護部隊。

歷史知識家

一栂約等於一公分，十二栂臼炮即口徑約十二公分的大炮。

十月二十八日上午八點，軍警聯隊的地面部隊才推進到霧社，但遭到抗日賽德克族人的頑強抵抗，直到次日收復霧社後，才將台灣守備隊司令部移駐埔里，建立後勤支援作戰系統，並策畫籌備十月三十一日的軍警聯合總攻擊。之後，台中警察隊從東勢郡大甲溪方面越嶺奪回三角峰駐在所，迅速制住道澤群和土魯閣群，使其無法參與反抗行動。更徵調附近的白狗、馬力巴等族群擔當嚮導、偵察等任務，加上埔里的平埔族人與漢人，共計徵招了一千五百多名軍伕，負責從事道路的開闢與修補、架設電話線、修築警備橋梁、興建飛機場等，最重要的是搬運武器彈藥與後勤物資。

此後抗日六部落族人（馬赫坡、荷歌、波阿倫、斯庫、羅多夫、塔羅灣）退回各自的部落，並分成兩路戰線：「塔羅灣戰線」由荷歌社頭目塔達歐．諾干率領，「馬赫坡戰線」由莫那．魯道率領。

軍警聯合總攻擊

十月三十一日，日人發動了軍警聯合總攻擊，仗恃著優勢的武力（猛烈的炮火攻擊、機關槍掃射、飛機空中轟炸等）與人力資源（通信隊、後勤部隊、軍伕等），除了馬赫坡社以外的其他部落全被日人占領，賽德克族的反抗主力退到了馬赫坡社，而其他抗日賽德克族人則分散至各山間溪谷潛伏。

十一月一日，日人軍警聯隊占領了塔羅灣的東方，並利用山炮兵大隊向塔羅灣高地、馬赫坡社與馬赫坡岩窟等地進行超猛烈的炮擊，直到十一月二日，馬赫坡社也被日人軍警聯隊占領，抗日的賽德克族人只能完全退入山中，絕大多數退到馬赫坡與塔羅灣兩溪溪谷，利用懸崖峭壁的險峻地勢與對地理環境的熟悉，和日方進行游擊作戰。

毒瓦斯、以番制番

十一月五日，日軍台南大隊在馬赫坡社東南方高地附近陷入苦戰，遭到反抗的賽德克人強力襲擊，共計十五名人員陣亡、十一名負傷，死傷極為慘重，理番當局立即增援配備了機關槍的部隊與飛機，以及炮兵部隊炮轟抗日霧社群六社的居住地，並由航空隊以飛機投彈轟炸山區及溪谷所有抗日賽德克人可能出沒的地區。

在軍隊炮火猛烈攻擊，飛機平均每天三十幾發炸彈（其中還包含日人自行研發的毒瓦斯彈）的疲勞轟炸，輕、重型機關槍日夜不停掃射，山炮部隊不間斷地轟炸，但戰情卻意外地陷入膠著。理番當局遂採用「以番制番」的狠毒策略，利用馬赫坡社和他社之間的嫌隙，解除了之前禁止出草的禁令，脅迫加上獎金利誘，取得「頭目」或「勢力者」首級，每個賞金二百圓；「番丁」首級每個賞金一百圓，「番婦」首級每個賞金三十圓，「番幼兒」首級每個賞金二十圓。並以提供槍枝彈藥為條件，命令道澤、土魯閣、萬大、馬力巴、白狗等社的原住民，組成「味方番」襲擊隊協助日人軍警部隊參與戰鬥。

受到日軍的利誘與欺騙，道澤群的屯巴拉社加入圍剿抗日賽德克人的行列，甚至開始大肆攻擊抗日霧社群六社的老弱婦孺，並以砍下的首級與日本警方換取賞金，同時協助日軍搜尋在山區打游擊的抗日賽德克人之下落。

由於味方番襲擊隊的加入，使得原本在山區十分活躍的抗日霧社群六社族人開始感受到被圍攻的壓力，當時以近寒冬，糧食也開始出現短缺的情況。所以，抗日賽德克人也不得不轉守為攻，除了主動襲擊日軍屯駐在山下的營地，同時也攻擊味方番襲擊隊的人。

歷史知識家

日軍使用毒氣彈的證據之一為十一月三日台灣軍司令官寄予日本陸軍大臣的「有關兵器送附之文件」中有「有鑒於叛徒的躲藏區域為有斷崖的森林地帶，希望能使用腐蝕性投下彈及山炮彈並請盡快交付」的紀錄。

飢寒交迫、陷入困境

十一月九日以後，抗日霧社群六社的族人陷入了飢寒交迫的困境，老弱婦孺為了將有限的糧食留給賽德克的勇士以繼續對抗日人，族人攜老偕幼上吊自縊，讓靈魂回歸祖靈；

也有族人被日人脅迫或是誘騙出來投降，隨即被當局拘留在「保護番收容所」中嚴密監控。

十一月十日夜晚，道澤群總頭目鐵木．瓦歷斯率領著屯巴拉社的戰士，想要偷襲落單的莫那．魯道，卻遭到了埋伏。鐵木．瓦歷斯不敵莫那．魯道而被殺害，而屯巴拉社則因頭目陣亡無人帶領而失去了組織作戰的能力，使得抗日方又恢復了些微在山區打游擊戰的優勢。但此事件在日後卻被日人操縱，成了第二次霧社事件的誘因。

彈盡援絕、壯烈犧牲

由於日方的軍警聯隊向抗日六社的族人進行全面性的攻擊，讓抗日族人逐步退守至地形更加險要的馬赫坡岩窟。十一月十八至十九日兩天，日本航空隊不斷投下各種特製的炸彈（其中包括榴彈、爆彈、山炮彈、鉛彈、照明彈、燒夷彈、催淚彈以及糜爛性的路易斯毒氣彈），並空投招降傳單，之後甚至還派遣一位公醫由親日原住民陪同進入馬赫坡岩窟地區，研究炮彈殺人的成效。

莫那．魯道看著自己的族人遭到毒氣彈的殺害，不但死前受到極大的痛苦，死後屍體

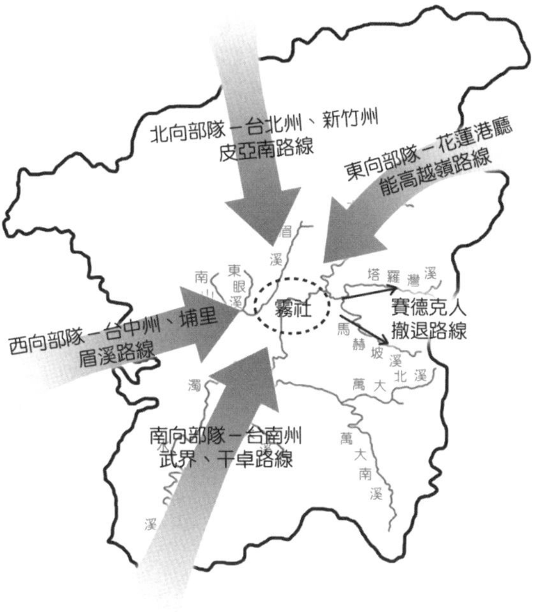

圖九　日軍進攻路線

也被毒氣腐蝕得面目全非。眼見大勢已去的莫那・魯道親手槍殺了孫子，其妻自縊後，莫那・魯道將孫子的遺體丟入茅屋，連同妻子遺體一併放火燃燒。其餘多數的族人也紛紛自縊回歸祖靈懷抱，而莫那・魯道的長子塔達歐・莫那則繼續帶著僅存少數不願投降的年輕族人繼續在山區森林中打游擊戰。

十二月八日，塔達歐・莫那與最後一批抗日志士，在馬赫坡岩窟奮戰到底。由於日方的炸彈炸不進洞穴，便脅迫塔達歐．莫那的胞妹馬紅．莫那攜酒勸降。但塔達歐．莫那卻與抗日志士在「最後酒宴」中，與妹妹訣別，並集體在樹下上吊自縊。從當時日本人拍下的照片來看，一棵樹吊了很多人，以至於樹枝都彎曲下垂。有的婦女為了讓男子沒有後顧之憂而勇敢作戰，自己先自殺，十分悲壯。莫那．魯道看到大勢已去，最後在更深的高山洞穴內自殺。事件結束後的一九三三年，莫那．魯道的遺體被尋獲，由於屍體沒有完全腐化，有一半變成木乃伊，便被送到台北帝國大學（今台灣大學）當作人類學標本，直到一九七三年才被送回霧社安葬。

馬赫坡岩窟最後一批族人自縊後，霧社事件至此便告一段落。抗日六社的族人原共一千二百三十四名，其中能作戰的壯丁有二百九十五名，八十五名勇士戰死，一百三十七名被飛機炸死，三十四名被炮彈炸死，八十七名被馘首，二百九十名上吊自縊，兩名舉槍自盡，四名用刀自盡，四名病死，一名被燒死，共計死亡人數六百四十四名。倖存僅五百六十一人，或被日人誘捕，或投靠未參與事件的部落親友家，或躲藏於山中，最後全被集中在類似集中營的「保護番收留所」中。

日人出動包含台灣軍司令部、守備隊司令部、台北步兵第一聯隊等軍隊，共計一千三百零三名軍人，另外還有一千三百零六名警察部隊，一千五百六十三名各地徵調來的軍伕。根據事後日方戰報顯示，軍警共戰死者二十八名、受傷二十六名，協助日軍的原住民戰死二十二名、受傷十九名。在進行了為期四十餘日的大小戰鬥後，始將事件弭平。

由於日軍對平民與起義分子採取無差別的屠殺，更攻擊不設防村落、使用化武毒氣等手段進行鎮壓，已經嚴重違反一八九九年《海牙公約》、一九〇七年第二次《海牙公約》等規範作戰手段、維護人道的國際法、國際戰爭法等相關條文規定，因而引發國際、甚至日本國會的強烈譴責，後導致台灣總督石塚英藏、總督府總務長官（昔稱民政長官）人見次郎遭日本內閣撤換；而繼任總務長官的高橋守雄出身警務系統，於三個月後亦因處理不當，發生二次霧社事件而去職。

歷史知識家

《海牙公約》共包含兩個宣言和十三個公約。

第一宣言：禁止從氣球上或用其他新的類似方法投擲投射物和爆炸物。

第二宣言：禁止使用專用於散布窒息性或有毒氣體的投射物。

在第二公約《陸戰法規和慣例公約》中，日本違反處如下：

*使用毒物或有毒武器。
*以背信棄義的方式殺、傷屬於敵國或敵軍的人員。
*殺、傷已經放下武器或喪失自衛能力並已無條件投降的敵人。
*使用足以引起不必要痛苦的武器、投射物或物質。
*毀滅或沒收敵人財產。
*宣布取消、停止敵方國民的權利和訴訟權。
*以任何手段攻擊或轟擊不設防的城鎮、村莊、住所和建築物。

第六章　二次霧社事件與流亡

保護番收容所

在第一次霧社事件的尾聲，日人不僅用盡心思誘捕躲在山中的抗日六社倖存者，如派飛機空投數千張勸降傳單，出動味方番上山以食物與妥善對待保護的承諾勸降等。投靠到未參與事件親友家的倖存者，也一併被強制接到保護番收容所中。

被日人名為「保護番」的收容所，事實上是倖存者的集中營。日人配置了嚴密的警力日夜監控，並暗中調查倖存者中是否有人參與了霧社事件，如有參與一律格殺。收容所中所有人的行動均受到嚴格的限制，想要逃跑的人不是被槍殺，就是被送到霧社分室接受懲罰。當時的日人將抗日六社倖存者，依部落安置在「西寶」與「羅多夫」兩個收容所中，但歷經霧社事件的倖存者因極度悲傷而自縊，或因營養不良而病死，卻時有多聞。

在霧社事件的討伐中，日方看見了原住民族的驕勇善戰，因此事件落幕後便開始擔心為了「以番制番」策略而發放出去的步槍與子彈無法回收問題。另一方面，抗日領袖莫那·魯道生死未卜（其遺體在霧社事件三年多後才被打獵的族人發現），日方擔心他會伺機煽動關押在「保護番收容所」中的抗日遺族，再一次發起抗爭暴動。因此，一道「清理保護番收容所」的密令與「限期回收味方番的槍枝彈藥」的明令被同時下達。

被利用的仇怨

二十世紀初期，日人為了管理與教化，早已強行廢除番人的傳統習俗。但在推進隘勇線、懲罰反抗者的同時，反而以開放禁令為條件，誘使各部落互相殘殺。狡詐的「以番制番」策略，用意即是擴大味方番與抗日番之間仇怨。

霧社事件後，抗日六社的遺族對於道澤群等賽德克族人沒有參與事件非常痛恨，而道澤群則對其頭目鐵木·瓦歷斯被抗日六社所殺也心懷怨恨。因此，當味方番看見抗日六社遺族被收容保護，而未有嚴厲處罰更加心懷不滿，時時尋隙發動襲擊。

一九三一年四月二十一日，幾名土魯閣群族人攜帶向日人借來的槍出去打獵，卻在哈奔溪誤殺土岡社的三名婦女。不僅受害的土岡社，同為霧社群核心的巴蘭社也表示憤慨，並向霧社分室要求報仇。但對日方來說，土岡社、巴蘭社和土魯閣群各社都是親日原住民

（味方番），所以他們之間發生衝突將使情勢變得更加複雜。因此，日方極力安撫，並藉此機會欲收回借給味方番的槍械。

四月二十三日，台中州三輪警務部長由山下能高郡守、寶藏寺能高郡警察課長陪同入山，首先前往土岡社安撫憤怒的族民。隔天，路過道澤抵達土魯閣，招集土魯閣群各社的頭目與有力人物以及各社族民，公開責備其不該誤殺土岡社的婦女，並嚴格要求交出兇手以及所有借用的槍械。土魯閣群的頭目們都表示服從，立即交出兇手以及所有的槍枝與彈藥，讓日方順利的完成收回槍械的命令。這其中，唯有道澤群沒有被要求繳回。

依據日方的文獻紀錄，當天狀況如下。日本官員經過道澤時，因該社當晚要舉行喜宴，未免打擾族人興致並在其酩酊大醉之際收回槍枝引起族人不悅，故特意延緩道澤群繳回槍枝彈藥的期限。但道澤群族人自己發現，三輪警務部長到土魯閣就是為了收回槍械，猜測未來將對道澤群有相同的要求，所以認為不趁現在解決對保護番的宿怨，就將永遠沒有機會。此一關節日人也想到了，故於二十四日晚間喜宴時，派出巡警部長以下共五十三名警備員戒備，以免道澤群藉機相互聯絡。但直到喜宴在晚上十點半左右結束，仍沒有出現任何異狀。

保護番收容所被襲擊

四月二十四日深夜，道澤群的各部落頭目、有力人士達成襲擊密議，由Sga、Lutsau兩部落的勇士共五十九名組成奇襲隊，攻擊「羅多夫保護番收容所」；而Luku Daya、Tonbalah等其餘部落勇士共九十名的奇襲隊則攻擊「西寶保護番收容所」。二十五日清晨破曉時分，奇襲隊成員與其餘勇士共二百一十名，潛行到兩個收容所周圍及主要的道路據點，趁著「保護番」熟睡之際放火燒屋，然後再大肆殺害四下逃竄的「保護番」，他們大多是手無寸鐵的降俘與老弱婦孺。在極短的時間內，道澤群襲擊隊殺害共計二百一十六名收容所的倖存者，並割下一百零一個首級作為戰利品向日人邀功。日人稱之為「保護番收容所襲擊事件」，又被稱作「第二次霧社事件」。

台灣總督府解釋，此事乃番人之間由來已久的仇恨關係所導致，並且為解決因農耕地不足造成的糧食問題，道澤群才會襲擊保護番收容所，因此堅持「理番警察」沒有任何直接的責任。四月二十五日，保護番收容所襲擊事件後，約莫中午時分，三輪警務部長將道澤群襲擊隊集合起來，對他們的行為嚴厲訓斥，並處罰所有參與的部落不准外出，還要繳回全部的槍械彈藥。

❀日人主導「二次霧社事件」的證明

表面上，日人極力撇清其與二次霧社事件的關聯，將此事件定位為原住民內部單純的尋仇行為，試圖掩蓋日方在事件中的干涉痕跡。但觀察襲擊事件後的日方反應，即可知道其一派謊言！當天，道澤群各部落按照習俗舉行戰勝祝宴與獵首祭，所有參與襲擊戰役並奪戰功的勇士也依習俗文面，日人還和襲擊隊勇士們在部落前與百餘個首級大合照。各部落也依戰功多寡論功行賞，獲得大批土地。一直到襲擊事件發生許久之後，日警才象徵性的對參與襲擊的番人罰以五日勞役，以及處以沒收戰鬥用長番刀之處分。

從歷史紀錄中，也可以輕易發現幾個疑點，了解到日方在此事件中其實占有很重要的地位：首先，受到日警方嚴密監控管制的保護番收容所，道澤群襲擊隊為何可以輕易進入，並屠殺二百多人？而在保護番遭到幾近滅族的慘劇，襲擊隊卻只受到輕微的處分，同時卻獲得大批土地？日本官員明明必須執行「限期回收味方番的槍枝彈藥」的命令，為何在經過道澤時卻跳過道澤群，只收回土魯閣群的槍械彈藥？

霧社事件過去多年，一些部落族人的記憶口述與當年事件的經歷者，紛紛證實了第二次霧社事件，乃日方刻意利用道澤群對抗日番的仇恨，並達成「清理保護番收容所」的密令，再一次的運用了以番制番的手段，唆使道澤群屠殺抗日六社遺族。只是為人詬病的，就是日方刻意將該滅族慘劇的黑名，讓同是賽德克族的道澤群去背負。由以下的證言，便可了解日本人無法脫除策劃二次霧社事件的罪名。

在姑目．苔芭絲《部落記憶——霧社事件的口述歷史》中，曾提到：「有一天，我們在參加 Luku daya 部落所舉辦的婚禮的宴席中，日正當中，不巧，來了一位日本長官，不請自來，突然冒出這樣的話：『我們的親朋友好友都被 Seediq Tgdaya 部落的人殺了，我們隨著來是要進行報復的行動。』」

而戴國輝《台灣霧社蜂起事件研究與資料》記載：「然而，由於預先的安排，在該駐在所集合的陶茲阿番各社的頭目、有力人士十幾名，正好在前一天夜晚，到魯茲庫達雅（Ruku daya）社番丁瓦歷斯．諾明家到席婚禮，通霄喝酒，而酒氣未消，仍在朦朧狀態。」

許介麟編、林道生譯，《阿威赫拔哈的霧社事件證言》提到：「當年負責執行此密令的日方巡查小島源治，在晚年發表證言確認二次霧社事件發生的政治意圖，乃日本警察唆使『我方番』（親日番）的道澤番攻擊『保護番』（起義番）的行動。經歷過第二次霧社事件的阿威赫拔哈也回憶道，當時日方曾給予親日番槍彈，解禁出草，並發予賞金的事情。第二次霧社事件發生前一晚（一九三一年四月二十四日）道澤駐在所警備狀況異常，隔日清晨獵殺到人頭的親日番還都帶著人頭回到駐在所報備，一一登錄。」

戴國煇〈霧社蜂起事件的概要與研究的今日意義——台灣少數民族喚起的問題〉，《台灣霧社蜂起事件研究與資料（上）》亦提到：「寶藏寺課長偷偷叫小島繞道往駐在所後面去。咕嚕半天的細節從簡而單就要點說明便是：極機密地今晚奇襲保護番，給那友番來一個爽快如何，事後才讓他們繳交全部槍枝。」

表十三　事件前後起事六社人數（未含病死）

	事前總人口（人）	死亡（人）	餘生（人）
霧社事件	一二三四	六四四	五六一
第二次霧社事件	五六一	二一六	二九八
歸順儀式	二九八	三八	二六〇

移居新的集中營：川中島

短短半年內，霧社地區的原住民先後經歷了日人對霧社事件（一九三〇年十月二十七日）的討伐，以及幾近滅族的保護番收容所襲擊事件（一九三一年四月二十五日），讓霧社地區充滿著緊張與動盪不安的氣氛，各部落間的矛盾和對立也越發尖銳。而日本當局為了避免局勢失控，就以「避免類似收容所襲擊事件的仇殺行為再度發生」為由，強制將飽受折磨、劫後餘生的抗日六社遺族，全數遷移到川中島集中監控管理。

原本馬赫坡、荷歌、波阿倫、斯庫、羅多夫、塔羅灣六個部落共有一千餘人，但最後被日人強制移居到川中島的只剩下二百九十八名（一說二百八十名）餘生者。位於北港溪與眉原溪的交界處的川中島（今南投縣仁愛鄉互助村清流地區），原本是屬於太魯閣群眉原社的範圍，但在薩拉茅事件後就被日人強制遷村由日人嚴密管轄。

一九三一年五月六日，日人將抗日六社餘生者近三百名，除了病患外共計二百七十八名分成兩個梯次，由大量佩槍警察押送到川中島。在霧社到眉溪的步行路段配置了四十八名警力，從眉溪乘台車到台灣製糖會社埔里街的路段配置了二十名警力，埔里街內布署了二十一名警力，最後由埔里街搭甘蔗搬運火車經過小埔社抵達川中島的路段，則配置了十六名警力。日方為了確保不會發生意外，還沿路實施警戒措施。而抗日六社餘生者就在這戒備森嚴的氣氛中，被迫離開自己的祖先與祖靈留居的土地。

在經歷了收容所襲擊事件後，抗日六社的餘生者對於日人強制遷徙的命令，全都抱著極度悲觀的想法。因為他們誰也不知道，這次的移居行動會不會又是日人的另一個陰謀，打算將剩下的人都帶到某個地方集體處決。遷徙的路途艱辛漫長，一步步彷彿邁向不歸路的沉重心情，婦女與孩子邊走邊掉眼淚，還有族人偷偷藏著小刀做著同歸於盡的打算。

日方為了監控和駕馭霧社事件的餘生者，設下了各式各樣嚴苛的命令，例如逃跑者，特別是回去原鄉霧社的，一律格殺勿論；廢除禁止所有賽德克族人的傳統習俗；強迫改種水稻，讓族人再也無法舉行小米和黍米的祭儀活動；使用公共墓地，讓祖靈再也無法庇護賽德克族人等，日本當局完全破壞了賽德克人原有的生活方式。

肅清餘黨的歸順儀式

由於日方當局對於抗日六社的遺族仍心懷疑慮與怨懟，所以將餘生者移居川中島後，暗中悄悄的展開祕密調查。一九三一年十月十五日約莫清晨五點左右，川中島駐在所召集了一百零六名的族人（包括八十三名男丁及二十三名婦女），聲稱要邀請他們到埔里觀光並由其當代表，前往埔里街的能高郡役所舉行「歸順」儀式，還特地派汽車接送。

族人搭著汽車抵達埔里街後，日方先派人帶他們四處參觀，稍後將其送抵能高郡役所內的「歸順式場」。一進到役所內，六社族人就瞬間被一百多名全副武裝的警察團團圍住，接著日方長官依序進入會場，宣讀「歸順」的宣誓文，由霧社六部落的族人代表署名，並且在宣誓詞裡按下指印，最後還安排紀念攝影。

歸順儀式完成後，日本警方並沒有立刻將六社族人送回，反而是按照名簿唱名，並當場押走了二十三名族人，而日警僅宣稱基於調查（此二十餘名族人被日人認為曾參與霧社事件）的必要「暫時留置」幾天。

翌日，霧社分室再藉著舉行「家長會」的名義，將霧社群巴蘭、卡茲庫、塔卡南三個部落的族人共一百六十九名，集結在霧社公學校的操場上。依照昨日歸順儀式的模式，將該三社族人引進霧社分室的「番人集會所」內，由霧社分室的「特別勤務隊」在分室內外戒備。然後日本長官依序進入，先訓示一番接著霧社分室主任就開始唱名，共計有十五名族人因遭檢舉曾暗中參與攻擊日人的行動遭到逮捕。

從川中島拘捕了二十三名，自霧社解送來十五名，包括積極參與霧社事件的荷歌社比荷·瓦歷斯，總計三十八名抗日族人被解送到能高郡警察課。自十月十七日起，被日警進行拷打與審問，甚至還以殘酷極刑逼供，如用鐵釘將腳掌釘在木板上，並纏上帶刺鐵絲等。其後又未經司法程序，分別判處一年至三年的拘留處分。

一九三二年三月，最後的抗日族人雖然未被處決，但卻全都在獄中被凌虐致死，而日本官方卻發表這些抗日分子是因罹患了瘧疾、腳氣病、腸炎等疾病而死亡。

歷史知識家

一般認為參與霧社事件者約三百餘人，實則六社壯丁僅二百餘人。這是因為尚有數位欲向日人報仇、不顧頭目阻止的其他社人參加。

再也回不去的故鄉

日人為了不讓霧社事件餘生者再有任何返回故鄉的念頭，就將原屬霧社群抗日六部落的土地，藉「論功行賞」之名，劃分給了親日的道澤群和土魯閣群，以及霧社群的巴蘭、塔卡南、卡茲庫（沒有參與霧社事件的部落）等社。然後將土魯閣群（各社皆有，以Bulayau社為主）遷居至波亞倫駐在所附近，取名為富士社，即今天南投縣仁愛鄉的廬山部落；道澤群（所屬四社各有一半人口被遷居，一半人留在原地）遷居至櫻駐在所附近，取名為櫻社，即現今的南投縣仁愛鄉的春陽村，自此霧社事件完全落幕。

第七章　霧社事件前後的理番政策

早期的溫和綏撫

日本據台以後，由於同時面臨漢人、原住民的反抗，日人在有限的進駐兵力下，倘同時與島上漢人和原住民敵對無疑是謂耗損，遂利用台灣複合民族區域性的差異，一方面對北部及西部平地聚集的漢人進行極為殘酷之軍事威壓屠戮；另一方面承襲清政權的撫番政策，對原住民採取溫和的「綏撫」。

首任總督樺山資紀曾在其「施政方針」中，提到治理原住民的大綱：「台灣為帝國之新版圖，乃未浴我皇化之地。加之有割據東部之蒙昧頑愚之番族，故今後臨斯土者，須以愛育撫為旨，使悅歸於我皇覆載之仁，而亦須恩威並行，使所在人民不生狎侮之心。」其方針提到「以愛育撫」，實際的狀況是日人因傾注兵力在平定漢族的反抗，無多餘力量深入、控制山區，故對原住民先採取「撫育」的方針。

一八九六年，日方發布「撫墾署」官制，在全台幾處重要地點設立十一個「撫墾署」，此即沿襲清政權所設立之「撫墾局」，目的為撫育授產、開墾土地及辦理樟腦事業。撫墾署為了避免與原住民武力衝突，甚至反對設置「番界警察」，更常對部落頭目饗以酒食、贈以布匹及器具，以博取好感。但綏撫政策的最大目的——獲取林木與樟腦，仍礙於原住民傳統的出草（獵人頭）儀式，無法全力發展。

鎮壓平地的游擊戰暫時告一段落，新任總督兒玉源太郎開始準備積極征服「番地」了！兒玉源太郎上任不久，便將前任總督乃木希典創制的「三段警備制」廢除，確立以「警察」來負責山區的治安工作。兒玉認為，「番人頑蠢難馭，無異野性禽獸」，在此經營新領土的緊要時刻，「循循善導」實為「姑息手段」，應迅速「絕滅」前進番地的障礙。此「滅絕論」經過總督府相關人士討論後，認為「損兵耗費，不是上策」，故建議採取「先威後撫」的方針。因此總督府開始探討如何治理「番人」與「番地」，此即「理番政策」正式籌擬之始。

一八九八年六月，撫墾署因不敷需求遭到廢除，歸併於各縣及廳之下設置的辨務署第三課。一九〇一年，設置民政局警察總署，警視總長成為全台地方行政領導者。一九〇三年一月，台灣總督府調整民政部警察本署的部分業者，特設警察本署長專屬的「高等警察掛」，其理由是為了防止「漢」、「番」聯合抗日。總督府的「番政改革」以加強警備功能為目標，欲建立「番地」專勤警察制度，以及強化隘勇線的現代化設施。

♨佐久間總督的「五年理番政策」

一九〇六年，有「鐵血總督」之稱的佐久間左馬太上任，他將「理番事業」視為治理台灣的急迫任務，計畫在一九一〇年到一九一四年的五年間，掃蕩北番，廓清番地，於是要求一千五百萬圓經費，結果得到議會贊同。理番事業擴大後，情況逐漸複雜，與普通警察共同處理，已令人感到不便，因此在一九〇九年的官政改革中，將理番事業從警察總署分離，在中央分設「番務總署」，在地方設番務課。

新設的番務本署，由番務總長出任番務本署長，依總督及民政長官的指示，主掌和指揮署內各課事務。番務本署類似武裝警察隊的軍事指揮中心，擁有攻擊「番地」的火炮，掃蕩圍剿叛民的兵力，並為日本企業家奪得「番地」以為所用。其次，警察本署和掌管地方行政的總務局合併而成立「內務局」，由警視總長充任內務局長，依總督及民政長官的指示，主管和指揮廳長及警察官，內務局把地方行政業務完全地納入警察機構，實行名副其實的「警察政治」。再則，民政部的土木局升格為「土木部」。換言之，民政部所屬警察，在制度上分為「平地」的普通警察和「番地」的番務警察兩種。

佐久間的討伐政策有一定順序。先對原住民先勸言歸順，不從則採高壓隔離、限制人貨出入。同時，步步推進隘勇線、劃定番界，必要時「以番治番」，或利用番地開發政策導致的漢番衝突，暗中鼓勵漢人屠殺不從番人。同時，日人更沒收原住民狩獵所仰賴的槍枝及彈藥，獎勵農耕，誘之換取鋤犁從事耕作開墾。

「五年理番計畫」之前，曾於一九〇七年由大津麟平主導「甘諾政策」，即引誘番人自願允諾在其境內設置隘勇線，不料此舉卻引發漢人與原住民聯合抗日，導致理番事業中途受挫。鑑於甘諾政策的失敗，日方遂重新規劃，欲以軍警圍剿「番地」。由於天皇和國家預算的支持，討伐前，已多方推進隘勇線，施行圍堵策略，並廣闢山路，圍剿掃蕩奧番（較難馴服的原住民），並調查山地氣候及地形且繪製地圖，將所有討伐的阻礙降至最低。

一九一〇年，總督府首先對泰雅族大嵙崁番用兵，日人信心滿滿，原訂三十九天內便能完成任務，不料在最前線作戰的漢人隘勇不敵原住民的驍勇善戰，日方只得出動軍隊與大炮重裝備。此役歷經整整五個月才令原住民投降。

一九一四年，佐久間發動五年計畫中最大的一次軍事行動，此役出動了一萬餘名人力，為求成功，事前還祕密組成新城、南湖大山、合歡山三支「太魯閣人居住地探險隊」，前往探勘內、外太魯閣的山勢地形蒐集情報。五月二十四日，總督先向該地原住民各社發出「招降諭告」，六月便由高齡七十的佐久間總督親自督軍，攻打花蓮的太魯閣原住民。太魯閣僅有二千餘名戰士，為求族人命脈的延續，只有被迫投降。戰爭結束後，佐久間前往日本向天皇報告「理番事業完成」。

番童教育的推行

從清代治台到日治時期，統治階層對原住民傳統習俗（尤其是獵首）、生活信仰等完全不了解，理所當然心生忌憚並以為有害。因此，往往試圖以武力前驅，再以教育制度令其開化，進而將原住民與漢人同化，令其歸順。光緒元年沈葆楨的撫番方略《番社就撫布置情形摺》內文七條中提到「曰遵薙髮、曰編戶口、曰交兇犯、曰禁仇殺、曰立總目、曰墾番地、曰設番塾」。由第七條可知，「撫番」政策其一，即欲深入原住民生活中，設立教導其文明的「學校」。牡丹社事件後，清廷便設立「番塾」，目的在於「學語言文字，以達其情；習拜跪禮讓，以柔其氣。」亦即從語言入手，教導原住民漢人禮儀，以令其脫除「肅殺之氣」。這項「撫番」的手段，同樣為日本人所沿用。

一八九八年，台灣總督府為推行日語普及化以及殖民順利，以中央經費或地方經費設立兒童義務學校。當時可分為——在台日人所就讀的小學校、漢語系台灣人所讀的公學校。公學校第一條校規：「本島人子弟施德教，授實學，以養成國民性格，同時使精通國語。」其中的「養成國民性格」即欲使台灣人成為順服的「日本國民」，進而訓練出與日人溝通的能力，協助開發台灣資源。與清領設立「番塾」目的如出一轍。

該年八月，又發布「台灣公立公學校規則」、「台灣公立公學校官制」與「公學校令」。明定公學校的就學資格為八歲以上，十四歲以下的台籍兒童，也制定六年制的公學校之師資與例假日及需教授的科目如：修身、作文、讀書、習字、算術、唱歌與體操。一九一九年與一九二三年，在「民族自決」盛起的世界風潮下，為了杜絕台人「民族自決」之念，總督府高唱「同化主義」，兩度修正教育令，達成「內台共學」，也就是台灣公學校的課程與日本內地相同。一九四一年則因皇民化政策，將小學校、番人公學校與公學校一律改稱為國民學校。

關於原住民的初等教育，可分為「番人公學校」與「番童教育所」。前者由較順從帝國統治、資源開發技術較高的原住民就讀，之後的「番人公學校」便併入一般初等教育系統。後者的教化對象則為對帝國存反抗意識、具有獵首習慣、對樟腦資源開發有衝突性的原住民。以日本人的觀點來看，管理不受教化的原住民，需要一個強而有力的體制，使其至頭徹尾地接受帝國教育。因此帝國利用「警政」體系，密實地發揮番童教育所的教育目的。

一九〇四年，設立日治時期第一間番童教育所，一九〇八年，公布「番童教育標準」、「番童教育綱要」、「番童教育費額標準」三項法令，具體明定的教育原住民方針。佐久間左馬太總督在任期的最後一年更推行「教化」政策，將「番童教育」列入重點，特別從「番童」中選出優秀者進入小學校，畢業後再依表現施予中高等教育，藉由培育「番秀才」以補強警政系統。

因此，番童教育所的最終目的，除為推廣日語，更在監視並化解危害統治的原住民習俗與傳統。其次，則是培養原住民兒童帝國禮儀、思想、倫理與生活習慣，使「番人」能直接晉升為「新日本人」。再者，是將種植水稻的農事技術教授給原住民年輕一輩，並令其協助開發頗具利益的樟腦。總之，番童教育所不單純只有教化一面，甚至考量到番人能在經濟上的貢獻與文化上改變，與番人公學校的立意大有不同。在一九二八年以前，各地番童教育所體制相差甚大，例如修業年限與教科書不盡相同。一九二八年以後，帝國則重新制定「番童教育所之教育標準」，設置年限為四年，科目為修身、國語、圖畫、唱歌、體操與實科等等。

不同於國民學校的師資人員為專業的教育人員，番童教育所是由警察兼任教師。而國民學校的主管機關為文教局學務部，番童教育所則由民政局殖產部管理。當時警察雖在行政制度上為基層員警，但對原住民而言卻是身兼行政、治安、教育等多功能之長官。擔任警察的日人，須具備理番方針、衛生急救及防疫、番童教育（與國民學校相同）、農耕畜牧等方面的技能。以警察為師資的考量，除了以其魄力強制原住民改變舊有習俗、培養忠貞日本的精神外，順便可掌握原住民戶口、原住民生活相關資訊，以達成馴服原住民的整體效果。

一九三六年，日本將「番人」改稱高砂族，「番童教育所」則改稱「教育所」，而太平洋戰爭之後，番童教育便等同「皇民化教育」，而其成果如何，可在高砂義勇隊的表現中略窺一二了。

❦移住政策與「文明」化育

日本在理番政策上，基本上是延續對付北海道原住民阿伊努人的作法。十九世紀中明治天皇親政後，將北國的「蝦夷地」正式納入日本的行政範圍，並將其改名為「北海道」，實施現代的戶口制度。至此，阿伊努人行政上變成了日本人。日本政府收奪原屬於阿伊努人的土地，並將這些土地撥給新遷入的日本移民，以便鼓勵北海道的開拓工作。日本政府禁止阿伊努人女子刺青，禁止男子戴耳環，同時對於有意從事農業者，則無償提供土地、農具，並獎勵其學習日本語言、文字。總之，將阿伊努人視為帝國的一份子，納入明治時代一君萬民的體制中。

同樣的手段也出現在治理台灣原住民的「理番」政策中。一九一三年起，日本政府下達禁止文面與出草的命令，強迫原住民終止其「非文明」的傳統，與對付阿伊努人的手段雷同。此外，日本人無視原屬於原住民部落或首領的土地，認為山區皆是「無主地」故予以「國有化」。由於山地居民的反抗，故「國有化」的過程，其實伴隨著隘勇線的推進，先以武力不斷縮小原住民的居住與活動地域，最後將其土地收奪，槍枝沒收，再編入普通行政區。

一九一九年開始，日人為方便集中管理，開始對原住民實施「集團移住」，將居住在遠離駐在所、交通不便、難以控制的原住民，驅離先祖所傳下的土地，強制移住到日人伸手可及之處。霧社事件後將六社居民移居至川中島，即是「移住政策」的一環。

以新竹州的「奧番」為例，可了解移住政策的實態。一九二五年，新竹州的「奧番」因前一年作物欠收而發生飢饉，許多族人餓死。新竹州便把握此時機，派部落出身的公醫為前導，帶領三十名壯年警手，進入各部落遊說。再出動新竹州知事、警務部長、理番課長等勸誘其移住並使之承諾。日人先以肥沃的土地為誘惑，進行槍枝的收押，削弱其抵抗力，並於該年十月舉辦移住宣誓式。當天，竹東郡的日本人郡守發表訓示，要求原住民放棄土地所有權，並誓約遵守以下條件：不許歸返舊社或轉移他社；家屋、農耕都必須遵從官方指揮；不許亂伐、焚燒樟樹；要和番地事業工作人員交涉的話，必須透過駐在所人員；利用竹林授產；嚴守部落間的和解。在警察的指揮下，以精悍文明的兩個部落Kinazii

以及Malikowan，遂放棄舊有住屋與傳統的生活模式，建築了日式房屋圍牆，並聽從日人指導，進行農業耕作。

新竹州的「奧番」曾被認為是「北番中最為兇狠的凶番」，然而從收押槍枝到移住為止竟只花了四個月的時間，可見日本人的手段。

歷史知識家

「奧番」指居住在離駐在所遠、交通不便，標高在五千尺以上的峻嶺險崖深山之原住民。

日本總督府自一九二五年起，每年皆為移住政策編列數萬元的預算，並訂定循序漸進的實作策略。由於當時警察官之間流傳「吃米的番人不抵抗」，故日人一貫以獎勵稻米的耕作來馴服原住民。因此，移住政策是結合「農業授產」來施行，兩者皆被日人美化為文明化的象徵。從預算編列的項目如開墾水田的授產費、家屋建築費、飲用水設備費、農具費、預防瘧疾的蚊帳費等，可知總督府為移住部落規劃新的農業生產環境，並令其捨棄傳統生活，向日本的「文明」看齊。對原住民而言，移住政策無疑是征服者對其土地的沒收，不只如此，日人還意圖改變其原有「落後的」生活模式，令其日本化，這完全是征服者以自身「文明」加諸原住民的強硬殖民手段。但日人在農作欠收時分誘以肥沃的土地，則讓原住民不得不屈服。

一九三〇年代起，各州廳設置了產業指導所與農業講習所，前者以研究、指導水稻作、定地耕為主，後者則拔擢優良壯丁，給予農業指導，令其將授產技術帶回番社，改變部落的農業技術。由於稻作的大力推廣，原住民的飲食型態開始改變，如改吃米粟混合食、以米代替粟來產酒，而水田比例的升高，讓某些地方的原住民甚至可以賣米給漢人。

霧社事件後的理番政策再建

第一次世界大戰後，林獻堂等開始籌措台灣議會設置請願運動，反對殖民地統治，企圖推動地方自治。一九一九年，第一任文官總督田健治郎就任，面對世界民族自決風潮引發的地方制度改革，他認為不能再行使「警察萬能」的制度，應使理番警察納入文官郡守的指揮權下。這是由於理番政策的最終目的，向來便是期望化育番人成功，而能廢除「理番警察」的特別行政。因此，撤除理番制度，才是總督府應前進的方向。

一九二九年為島內抗日運動的高峰，台灣共產黨領導的農民運動，以及台灣民眾黨、台灣工友總聯盟發動的勞工運動皆蓬勃展開。由於本島人意識的覺醒，該年七月新上任的總督石塚英藏立即命令調查郡警分離可能性。年底，警務局擬定的郡警分離案，受到總督府的支持。該案分析理番政策現況，認為「近來番地開拓之實績顯著，番情顯著歸於平穩」，故郡警分離可「增進自治的訓練」，並「匡正行政組織系統」，「增加效率」，應斷然施行郡警分離。

該案呈送日本拓務省時，以拓務大臣松田源治為首，形成反對此分離案的陣容。松田氏認為郡與警察分裂後，恐將使郡的行政「無力化」，若要解決與本島人權力分配問題，應由地方自治的制度改革著手。拓務省主要反對「郡警分離」與「廢止理番行政」同時並行。但在台總督府則意圖藉著郡警分離的機會，一併進行理番行政的廢除，因此在一九三〇年的預算編列中，將郡警分離列為最重要的政策。如此強硬的姿態讓拓務省不再堅持，大藏省隨後也通過審查，只待議會同意。沒想到隨即發生了霧社事件。

一九三〇年的霧社事件，是一場原住民激烈反抗的抗日戰爭，震驚全日本。事件後日本人驚魂未定，對六社遺族嚴加防範，甚至唆使親日原住民進行報復，這樣一來便完全粉碎了郡警分離的可能性，廢除理番課的計畫也難以重見天日。此役的發生，令以總督為首的台灣官員全數引咎辭職，新就任的總督太田政弘，一到任便表明霧社事件的善後是政治問題，亦即理番制度須重新檢討。

警務局長井上英提出霧社事件的三點原因，一是警察常欺瞞詐騙原住民，次為警察容易做出官紀上不容許的行為，三是警察沒有娛樂與安慰。總之，要點即是警察的「素質」與「勤務條件」出了問題。霧社事件平息後，總督府發布理番行政的新方針《理番政策大綱》，以及《理番警察改善大綱》。前者印刷成便於攜帶的小冊子發給理番警察，後者只有五頁，則在內部流通。

根據理番行政的新方針，警察力量被大大強化充實。除了進行槍枝的澈底回收，也設計完備的整備、防備措施，此外，番地警察的素質被嚴格要求，成績不良者將被撤回配置番地，並獎勵警察學習原住民語言。因此，原欲撤廢的理番制度，在霧社事件後完全大翻轉，理番陣容反而較過去為強，處處皆有嚴厲的警備體制以防其反叛。理番課的大膨脹，讓台灣澈底成為「理番王國」。

一九三二年，警務局理番課發行機關雜誌《理番之友》，編配給各地警察官。以淺顯易懂的方式明示理番目的、教化意義，以及「駐在所警察官須知」的部分。在理番大綱當中，理番事業被昇華為「使番人沐浴一視同仁聖德」之偉業，為國家重要的事業，擔任此事業的警察應有高邁的天職意識，並以「一視同仁」的眼光對待番人。既視原住民為「同仁」，在稱呼上也有所改變，不再呼其「番人」，而採用「高砂族」的稱呼。

根據新製的理番大綱，對原住民的治理著重在「警備」與「保育」，此後便在小小的保留地中，小心翼翼地撫育原住民。在如此環境下培育出的原住民青年，便成為太平洋戰爭中，義無反顧前往南洋的「高砂義勇隊」。發起霧社事件而被移居至川中島的賽德克六社遺族中，也出現爭先恐後報名從軍的青年。這些高砂青年成為南方戰線的後勤勞務者與山地戰鬥要員，指揮他們的不是軍人將領，而是「身體強健、精通番語、適合役使高砂族」的理番警察官。他們將山區中的警察支配機構，原模原樣移至戰場上。而這「成功」的理番大綱，也被用來對付南洋的原住民。

第八章　結果與評價

霧社事件發生後，台灣總督石塚英藏、總務長官人見次郎遭日本內閣撤換，台中州知事水越幸一、台中州警務部長石井保亦去職以示負責。而因第二次霧社事件的發生，新任總務長高橋守雄被認為處置不當而去職。

以客觀立場言之，原住民襲擊霧社警察分室、學校等地，殺死百餘名日本人（及誤殺兩名漢人），而其中多是無辜之日人婦女、兒童，起事六社壯丁即使是在長期壓迫下的反抗，其殺戮行為實有可議之處。但當時的日本自詡為一現代化國家，在殖民地內的動亂事件，應就犯罪者予以起訴並公開審判，而不應私自出動軍隊報復，將霧社事件擴大為戰爭，並在征討中使用國際禁用的毒氣。此外日本人違反早先明訂禁止出草的禁令，利用原住民之間的衝突使其相互出草，又殘殺戰俘、屠殺平民，默許形同滅族的第二次霧社事件報復行為，且強令遺族遷村，斷裂原住民在傳統生活領域的成長文明……種種不人道的作為，受到國際譴責。霧社事件後三年，莫那・魯道的遺體在洞穴中被找到，但卻未將其人道安葬，而是送到台北帝國大學當作人類學標本，亦受人非議。

霧社事件中有一百餘名日本人在殺戮中死亡，故日人於事件後在霧社當地建立殉難紀念碑。但國民政府時期即將此碑拆毀，改立原住民紀念碑，並發揚日治時期原住民反抗日本政府殖民暴政的英勇氣節，這是不同政治立場下對此事件的相異處理態度。然而對原住民賽德克人而言，其抗日運動並非要推翻日本人的統治，也不是為了捍衛漢人政權，事件本身原原本本，只是原住民為了追求自由與尊嚴、捍衛自身傳統的抗爭。而在走投無路殺死妻兒，或帶頭自縊的同時，原住民的求死心態也並非帶著恨意而死，而是平靜地迎向祖靈。有學者言道：「與其說是自殺，倒不如說比較類似殉道。」

總之，霧社事件的意義除了令今人澈底思考殖民時代的壓迫與抗爭，從中也應深刻理解賽德克人在種種抉擇中的文化意涵，再予以評價。

第三部

「賽德克巴萊」文化理解

第一章　你了解台灣的原住民嗎？

從「賽德克巴萊」一詞，便可略知台灣所有原住民的文化。「賽德克」是該族語言中「人」的意思。台灣各族原住民的族名，從該族語言究其背後意義，幾乎皆是「人」的意思。

台灣的原住民屬於南島語族，其語言為南島語系，又稱馬來波利尼西亞語系。南島語族的老家應該是在熱帶的海濱地帶，目前在中國東南海岸地區，僅台灣有現存的南島語族，故有學者認為台灣是南島語族的發源地，或是早期向外移出的據點。

原住民依其居住地，可粗分為平埔族與高山族。平埔族分布於西部及東北部平原、丘陵地帶，早期移民來台的漢人，接觸的土著原住民多是平埔族，當時稱之為「平埔番」；清領時期則依其歸附狀況稱「生番」或「熟番」；到了日治時期才稱呼「平埔族」。國民政府遷台後，稱平埔族為平地山胞，後稱原住民。平埔族有西拉雅族、洪雅族、貓霧捒族、巴則海族、巴布拉族、道卡斯族、凱達格蘭族、噶瑪蘭族、雷朗族等九族。早期以農

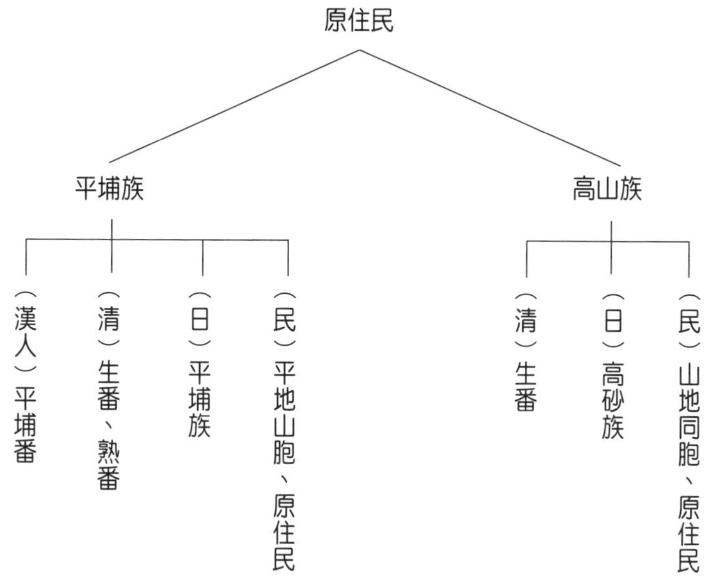

圖十　歷來對原住民的稱呼

業、狩獵為生，荷據時期最主要的經濟來源為獵鹿。

高山族一般居住於山區、蘭嶼、東部平原等地。清朝時被視為化外之地，政府力量無法深入，故大多為清朝眼中的「生番」；日治時期改稱「高砂族」；民國時期初稱其為山地同胞。一九八〇年代起因正名運動，改稱山地「原住民」。高山族有泰雅族、賽夏族、布農族、鄒族、魯凱族、排灣族、卑南族、阿美族、達悟族、邵族、太魯閣族、撒奇萊雅族、賽德克族等十三族。早期以火耕、輪耕的粗放農業型態為生，並有集體打獵和歲時祭儀的傳統。

平埔族與高山族同屬南島語系，早期內部皆沒有系統的文字，平埔族到了荷據時期才有拉丁拼音的「新港文書」。一直以來，平埔族與高山族皆沒有國家組織，唯在十六、七世紀時，平埔族幾個族群共同組成「大肚王國」，與鄭氏王朝對立，直到清初採「以番治番」方式才衰亡。十七世紀前期，台灣原住民人口數約十五至二十萬人，現約四十萬人。

多年來，平埔族的風俗習慣深受外來文化（主要為漢文化）影響，至今族群與分布地雖仍可考，但語言已成為「死語」，族群認同意識不若高山族強烈。高山族則因漢化較晚，尚操固有語言、保留大部分習俗，故今日仍可見其文化。一般狹義的原住民，多指高山族而言。

原住民最早見於何種史料？

早期對原住民生活的記述，主要是十七世紀的平埔族，特別是南部的西拉雅族。明朝萬曆年間陳第所著的《東番記》，是最早、最詳實的平埔族文獻。陳第曾於一六〇二年隨沈有容來台灣南部大員追剿日本海盜，他將過程中的見聞寫成《東番記》。「東番」指的是西拉雅族於台南的幾個大聚落，書中記載的地名從嘉義以南至屏東沿海，是十七世紀初漢人最早關於台灣的記載。

此外，在荷據時期的一六二七年，首位來台的傳教士甘治士曾定居於台南附近的新港社，因持續不懈地傳教之故，他與熱蘭遮城附近的原住民西拉雅族多有互動，並深入觀察其生活及文化。事後，他寫了一本《福爾摩沙簡報》，呈現給荷蘭東印度公司，成為歐洲人認識台灣所倚重的參考資料，這是西方人早期親歷台灣有關原住民最詳實的文獻記錄。

一六九七年（康熙三十六年），奉命來台採採硫磺的清朝官員郁永河以日記的形式，詳實記載沿途風景、習俗等一切經歷。此書稱為《裨海紀遊》，又名《採硫日記》。該年，郁永河從廈門出發，在台南上岸，一路北上考察，七個月後自淡水上船返航。清朝初年的台灣北部少有漢人活動，更鮮有南北旅行台灣的經驗，而《裨海紀遊》因忠實紀錄三百多年前台灣西部的面貌和平埔族的生活情況，成為極具參考價值的一本旅遊記錄。

最早關於原住民的官方史料，則是編纂於清朝乾隆年間（一七五〇～一七九〇）的《皇清職貢圖》。此書第二卷內含台灣原住民圖像十三種，可謂一套瑰麗的民俗畫史，為原住民文化藝術傳統提供了珍貴的民俗史料，畫卷多處描繪原住民裝飾藝術，富有情趣。

從九族到十四族

一九八六年（民國七十五年），九族文化村正式建成啟用，是一座結合台灣九大原住民族族群的各項文化特色展示的遊樂園。十數年來，因屬熱門旅遊景點，形成一般大眾對台灣原住民一共九族的既定觀感。其實「九族」的印象建構，乃是出自日治時代人類學家的分類。

日本殖民台灣之始，便派遣學者至台進行田野調查，其目的是為了將來統治、管理上的方便。因此，官方與學術相結合，將原住民進行分類。但各個學者因背景不同，分類標準莫衷一是，加上原住民不同部落間的差異非常微妙，可能因實地勘查地域有限，或資料不足而無法作確切的分類。但台灣的人類學是在日治時期所建立，則無庸置疑。創設台北帝國大學後，一九二八年設置土俗人種學研究室（今台灣大學人類學系）。透過人類學者在語言、風俗、習慣方面的調查與研究，日人得以掌握島上人民的文化、習性、生活方式，進而研擬出較無阻力、足以控制當地人民的法令。有人便認為人類學這個學科是伴隨殖民主義生成。

霧社事件後，台北帝國大學土俗人種學教室主持人移川子之藏教授，在助手宮本延人、學生馬淵東一的協助下，花了五年時間，跑遍全台山區、平地各原住民部落，進行田野調查，並針對各族群重要家系做全面性的系譜採集工作。而後，移川教授將台灣山區原住民分為九族，分別是泰雅（Atayal）、賽夏（Saisiyat）、布農（Bunun）、鄒（Tsou）、魯凱（Rukai）、排灣（Paiwan）、卑南（Panapanayan）、阿美（Pangtsah）及雅美（Yami）。一九三五年，匯集研究成果出版了《台灣高砂族系統所屬的研究》。此書分為九章，分別闡述各族移入台灣以後，「如何成立其族群，如何繁衍、發達、膨脹、分裂及分布於廣大地域的經過」並「尋找系譜與移動的關聯」。此書直到現在，都是相當重要的台灣原住民民族學研究專著。而日本離台後，中華民國政府亦沿用日本的分法，將原住民區分為九族。因此，自國民政府遷台以來，一般大眾認定的「九族」，其實成就於日本人類學家之手。除了族名，部落的社也可說是日本人建構的產物，如在郭明正的研究下，認為霧社群原有近四十個部落，但日本殖民時期為了方便，將其歸整為十二個部落。而霧社事件前，霧卡山社併入馬赫坡社，故只剩下十一社。

歷史知識家

雅美（Yami）族即是現在所稱的達悟族。當時因語言不通，日人誤以為該族人自稱Yami。但Yami原是蘭嶼島紅頭部落族人之自稱。

一九八〇年代起，興起原住民運動，透過原住民的聲音，訴說人類學家的分類實不可等同於原住民自身的認知。不了解原住民文化的漢人，很難體會其正名運動的意義。而對致力正名運動的原住民而言，自己部落的族群文化，分明大異於被歸屬的族群，卻因族群人數少而心聲未被重視。例如原被歸屬阿美族的撒奇萊雅族，其語言有百分之六十與阿美族不同，兩種語言大多無法溝通。再者，長期被歸屬鄒族的邵族在文化、服飾、體質上與鄒族截然不同。透過族人的發聲，這些差異才為世人所知。

在一連串正名運動下，更多的原住民族名受到承認，這是原住民聲音逐漸被社會重視的進步現象。二〇〇一年，日月潭畔人數僅數百人的邵族，從鄒族中獨立出來，成為台灣官方認定的台灣原住民第十族，此後，九族文化村的既定印象開始受到挑戰。繼而，最晚漢化的平埔族——噶瑪蘭族，於二〇〇二年成為台灣原住民第十一族，太魯閣族、撒奇萊雅族、賽德克族則分別於西元二〇〇四、二〇〇七、二〇〇八年受到官方認可，在台原住民正式確認為十四族。

原住民命名方式

原住民族正名運動興起後，陸續有原住民到戶政事務所將身分證上的漢名改回原住民族名。在知名演員、藝術家的部落格上，亦普遍見其「族名」，如台灣男藝人馬志翔（在《賽德克．巴萊》電影中飾演道澤群頭目鐵木．瓦歷斯）的原住民姓名為Umin Boya，台灣女藝人徐若瑄（在《賽德克．巴萊》中飾演荷歌社公主娥賓．塔達歐）的原住民姓名為Bidai Syulan。抱定對姓名的既有印象來看原住民姓名時，可能會有錯誤的認識。比方說你以為馬志翔的姓為「Boya」，但實際上卻可能完全不是這麼一回事。這是什麼緣故？

一般的姓名模式，皆是「姓」加上「名」，東西方因文化不同而有排列順序的先後，但大抵不脫此原則（姓＋名或名＋姓）。而泰雅族、賽夏族、賽德克族等卻是採「親子連名制」，子代沿用父親的名字。例如莫那・魯道的兒子便叫塔達歐・莫那。達悟族採用的是「親從子名制」，亦即某人生下孩子後，其夫婦以及孩子的祖父母都因此而必須改名。例如達悟族男子「希・瑪拉歐斯」婚後生下的孩子，取名為「希・藍波安」，「希」代表未成年之意。那麼身為「藍波安」父親的「瑪拉歐斯」便要改名為「夏曼・藍波安」，「夏曼」是父親之意，意為「藍波安之父」。母親則改名為「希南・藍波安」，祖父則須改名為「夏本・藍波安」。希南、夏本分別為母親、祖父之意。

其他如布農族的個人姓名後，會加上族群氏族名；鄒族除了加上族群族名外，又再加上生出地；排灣族則是以出生地屋名加上個人姓名。阿美族則是在個人姓名之外加上世系群名、氏族名。總之，對塔達歐・莫那而言，莫那並不是姓；對夏曼・藍波安來說，藍波安更不可能是姓。在漢人的既有認知下，姓名皆須由「姓＋名」組成，那麼若要以原住民姓名填寫基本的表單，他們便會感到相當地困惑。在某方面來說，這是逼他們不得不使用漢名的一種壓迫。

事實上，早期的原住民沒有以文字紀錄歷史的傳統，因此，在部落社會中，擁有用來區分人我，維持社會結構運作的命名方式，便夠用了。身為非原住民的其他種族，應該進一步去認識各部落原住民的命名制度，以增進文化的理解。

歷史知識家

台灣現行的姓名制度雖然為了尊重多元文化，特許原住民可以漢文姓名與傳統姓名（羅馬音譯）並列登記，但是面對原住民傳統的命名制度顯然非常不夠。像達悟族（雅美族）的命名文化「親以子名」，當孩子出生後，全家人都要改名，等孫子女出生後又需要改一次，而台灣現行制度一個人一生只有兩次改名的機會。布農族、鄒族、排灣族等會在名字前或後，加上氏族部落名稱及出生地，導致名字字數非常多而登記不易。曾有民眾特地去戶政單位恢復傳統姓名，但因姓名欄位不夠，當時的負責人員就將姓名登錄在記事欄中（姓名欄填寫「見記事欄」），結果鬧出該民眾被登錄為姓「見記」名「事欄」的笑話。

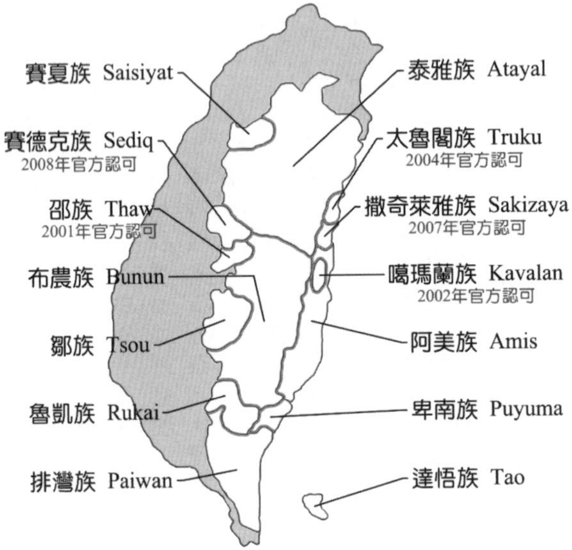
賽夏族 Saisiyat
泰雅族 Atayal
賽德克族 Sediq
2008年官方認可
太魯閣族 Truku
2004年官方認可
邵族 Thaw
2001年官方認可
撒奇萊雅族 Sakizaya
2007年官方認可
布農族 Bunun
噶瑪蘭族 Kavalan
2002年官方認可
鄒族 Tsou
阿美族 Amis
魯凱族 Rukai
卑南族 Puyuma
排灣族 Paiwan
達悟族 Tao

圖十一　台灣原住民十四族現居地

第二章　原住民各族文化概要——平埔族篇

清領時期，依原住民是否「受教化」（漢化）與「歸附納餉」（納稅與服勞役）將其分為「生番」與「熟番」，平埔族大都被稱為「熟番」，居住在平原、丘陵等地。清領初期因不許來台漢人攜眷，漢人男子覬覦平埔族女子土地，大量通婚，造成「有唐山公，無唐山媽」之諺，也使平埔族男女比例失調，形成「番兒至老無妻」之狀況。

平埔族文化類似南島語族，有刺青、拔毛、缺齒、吃檳榔等習俗。平埔族為母系社會，家產由女子繼承，但部落公共事務仍由男性掌權，男子依年齡分為長老、丁男，長老才可參與部落公共事務。生產工作方面，男人負責狩獵（以獵鹿為主）；女人則負責農耕，為主要生產力。平埔族行贅婚制（男子贅於妻家，隨妻而居），稱婚娶對象為「牽手」，男女結婚後，會拔去上顎的犬齒兩顆，交給對方珍藏，表示終身不離。宗教屬於泛靈信仰，認為祖靈能影響人的吉凶禍福。

各族間最具特色的文化，如西拉雅族有「祀壺」習俗。屬於北台灣平埔族巴賽人（凱達格蘭族中最大的一支）則精於商業活動，善於操舟，台北市萬華舊名「艋舺」，便是因巴賽人常駕獨木舟與漢人交易而得名。然而，時至今日，台灣的平埔族多已失去其原有文化，僅有最晚漢化的噶瑪蘭族受到政府承認。其他族群中，唯有巴則海族、西拉雅族則致力於傳統文化的恢復。

西拉雅族（Siraya）

西拉雅族是台灣平埔族中人口最多、勢力最強的一族，一般學者將之分為三大支族：西拉雅本族、馬卡道族（現在高雄市區有一條馬卡道路紀念此族）及大滿族。西拉雅族所使用的語言在荷蘭統治台灣時期，駐台傳教士為了傳教及協助推行殖民政務，用拉丁字母編定西拉雅語文字，並稱為新港語。不僅有各種字典、教義書，當時的西拉雅族與漢人訂定的土地契約也以新港語書寫，目前大多數的西拉雅語文書都保存在荷蘭皇家圖書館。從語言學角度來看，西拉雅語近似菲律賓的比薩亞族語言米沙鄢語，不僅在句型結構方面較一致，字彙也大多類似。台灣地名中的新港、麻豆等，還有台灣的舊稱「大員」，都是來自西拉雅語。

西拉雅族較為人所知的就是「祀壺習俗」、「阿立祖信仰」、「夜祭」與「嚎海祭」。「阿立祖」指的是西拉雅族的祖靈與神祇，以小口廣身的壺為象徵，各社所供祀的壺都不大相同，大部分是粗製陶器，也有用安平壺、洋酒瓶或大肚花瓶等。「夜祭」就是祖靈祭，都在深夜舉行直到第二天下午；夜祭之後就是「嚎海祭」，由尪姨（靈媒）在牽曲的聲韻中向海嚎啕大哭，遙祭先民並訴說著先祖來台的辛酸，告誡後人要體會先人的精神等等。

洪雅族（Hoanya）

為最早在現今南投市居住的平埔族，而南投的地名就是來自洪雅族部落的「南投社」。洪雅族有阿立昆和羅亞兩個支族，但因為被其他平埔族或漢人同化得非常早，部落文化消逝的非常快，由洪雅族語而來的地名幾不可考。可略窺西拉雅族人生活的紀錄，有康熙六十一年（一七二二）第一任巡台御史黃叔璥的著作《台海始槎錄》，內有洪雅族南投社人的生活描述：「番屋以木或竹為柱，楫茅為屋頂，蒸米、煎煮魚、蝦、鹿肉為食」，以及清朝時繪製的《番社采風圖》。

洪雅族一年當中有兩個重要的祭儀，「祭祖」與「過年」。祭祖日期多在農曆七月二十日到七月二十二日間任選一日舉行，完成全部祭儀共需四天時間，祭儀的內容包含五個項目：祭儀與祭品的準備、賽跑、祭禮、出獵和飲宴。祭祖儀式稱為Mapohan Vakkie，是招請祖先的意思，祭祀者由族中未婚少年擔任，人數約八人，而祭品則是糯米飯糕、酒、豬、檳榔等。

貓霧揀族（Babuza）

貓霧揀族又稱貓霧族、巴布薩族，分布在大肚溪以南、濁水溪以北的彰化平原和台中盆地，台灣地名中的鹿港、西螺、二林、芳苑、民雄等地名，台灣的舊稱「流求」、「琉球」，都是由貓霧揀語演變而來。荷蘭統治台灣時期，因為荷蘭傳教士的緣故，與西拉雅族相同，有部分的語言以文書的方式保存下來，貓霧揀語在當時被稱為費佛朗語。史料記載中，貓霧揀族因為與鄰近的洪雅族、巴布拉族往來密切，許多文化習俗都互相影響，以致現今對於貓霧揀族的認識非常模糊。

貓霧揀族在十六世紀時與漢人接觸，因為接納了漢人的灌溉種植法，讓原本只為釀酒而種的稻米逐漸成為主食，並逐漸放棄了原有的遊耕與遷村的生活方式。每年農曆二月間，小米與稻米播種後，貓霧拺族、巴布拉族與洪雅族都會舉行「換年」儀式。當作物在七月間收成後，各族就在該時段舉行收穫祭。結婚習俗上，貓霧拺族是以入贅與婚娶兩制並行，但以入贅婚為主。而喪葬習俗方面，喪家會穿黑衣，或在背上披黑布，或在肩上綁黑帶，並守喪三個月。

巴則海族（Pazih）

巴則海族又名巴宰族、拍宰海族。目前仍保有族語巴則海語及傳統文化的平埔族，且其最大的特徵就是成人的身高比一般南島系原住民高，大約在一百七十公分以上。巴則海族又可分為巴則海本族以及噶哈巫族。巴則海族對外使用閩南語，這是因為在過去的時代背景下，原住民飽受歧視之故。現今一般人對巴則海族的印象，大多是「已被閩南人同化」、「使用閩南語當作族語」，但事實上仍有為數不少的人會說巴則海語，該族的老人家都是以族語私下交談，還會唱巴則海族的搖籃曲、工作歌、愛情歌等。慶典儀式的歌曲當中，甚至還含有祖先來源的口傳歷史，非常珍貴。

巴則海族長老潘金玉女士（一九一四～二〇一〇）本身精通巴則海語、噶哈巫語、日語、閩南語和羅馬拼音，在她的努力下，不僅編纂了全世界第一本《巴則海語詞典》，還和專家學者一同致力於巴則海語的復甦運動。聯合國教科文組織認為，全球只剩一人（潘金玉女士）會說巴則海語，故於二〇一〇年，將巴則海語列為世界上最瀕危的十八種語言之一。可見得巴則海族人間平日以族語交談之事，甚少人知悉。

巴則海族也有用賽跑活動來慶祝祖靈祭、鑿齒象徵成年、父子連名制度等平埔族特有的風俗，還有著許多的傳說故事，其中最常聽見的就是番婆鬼（女巫）害人、吃小孩的故事，據說番婆鬼最怕看見裸體的男人。所以夜晚的時候，有時會看見巴則海族人脫光衣服在河邊或溪中捕魚。巴則海族的男子上衣形式類似於泰雅群的Rattan型衣，但開有圓領，腋下兩側不密縫，更近於貫頭衣之形式。

巴布拉族（Papora）

十七世紀初期，台灣中部曾經出現一個巴布拉族的原住民王國，由大王Quataong（巴布拉族的頭目）跨部落統領巴布拉族各社，更跨族群——包括巴則海族、道卡斯族、洪雅族和貓霧捒族——統治了十八個社，最鼎盛時期曾經統治二十七個社，是非常強大的族群王國，亦稱「大肚王國」。

不論荷據或明鄭時期都未能將勢力深入大肚王國的轄地內。從荷蘭統治時期到明鄭時期，以至清雍正年間，巴布拉族王國都曾因反抗統治而一再地被政府軍隊爭討，導致其勢力大為衰落，原居土地被占領、族人生活困難，所以巴布拉族各社自道光年間起陸續遷移至埔里。

關於巴布拉族的傳說並不多，但《重修台灣府志》中記載一則故事：巴布拉族大肚社有一個頭目叫做大眉，擁有非常精湛的箭術，每年到了耕作的時期，大眉的族人都會爭相邀請他到田裡進行狩獵活動。因為他的箭射得到的地方，農作物就會豐收，野鹿和野豬也都不敢去破壞農作物；而他的箭沒到的地方，常常就會被野鹿、野豬破壞，農作物還會枯死。大眉頭目去世之後，他的兒女仍然受到族人的尊敬，如果族人打獵有所收穫，就會先送一些肉給他們享用。

道卡斯族（Taokas）

道卡斯族（或門葛族）的名稱是日本學者伊能嘉矩命名，又因為閩南語發音類似大甲，所以也稱為大甲族。清代的道卡斯族人為了避開閩粵械鬥等因素，幾乎全族遷徙至埔里。雖有此說法，不過文獻上並沒有記載，據說道卡斯族人中有部分人遷移到苗栗南莊，並在後來變成賽夏族。

道卡斯族的傳統祭典主要可分為三種，豐年祭、巴代祭祖與祈雨祭。「豐年祭」又稱作牽田，牽田又可分為「做旗頭」和「做旗尾」二個節日，各節日為期三天，當族人興致高的時候，也可由旗頭一直做到旗尾，白天狩獵，晚上慶祝並共用獵物。「巴代祭祖（潑水節）」是道卡斯族最神聖的一個節日，因此舉行祭典的日子中有許多的祭忌，例如禁止外人進入社中、族人也不得外出、不可進入他人大廳，必須放下身邊所有工作、不得敲打、家禽家畜要關好，避免闖入大廳打擾到祖靈等。「祈雨祭」則是一個不定期的祭典，只有遇到乾旱的時候才會舉行，也是道卡斯族傳統祭典中，唯一不曾在文獻中或田野調查紀錄上出現的一個祭典。

「巴代」在道卡斯語是敬祖的意思。當巴代結束後，全家族會聚集在大廳（供奉祖先牌位的地方）或廚房中。首先在毛欄上盛滿食物，其中有鹿肉或豬肉、糯米酒、魚、野菜及小魚乾與糯米做成的飯團，然後放置於大廳或廚房的地上。接著由家族中最年長的女性（漢化後逐漸由男性取代）先行禱告並順著屋內繞行二圈，之後其他的家族成員再跟著後面繞行第三圈。繞行的過程中，每人都要取些許的鹿肉和糯米飯放在地上，有的家族會放在大廳的四個牆角，有的放在廳門兩邊，然後請祖先吃，待禮成後家族成員就蹲坐成一個圓圈，圍著毛欄任意取食。

歷史知識家

「毛欄」是一種用竹篾或藤篾製成的器具，但在早期是用道卡斯族的傳統木盤。

吃飽後要外出時，年長的女性就會站在門旁對每個人灑水表示祝福、去除邪穢。祭典後的三天，大家可以隨意到處串門吃喝，還可以拿著水桶、水瓢到處向人潑水，興致高時彼此跳入水塘或水圳中相互潑灑，是台灣原住民中唯一有潑水節的民族。

道卡斯族的漢化過程有一個非常特殊的地方，就是他們的重大慶典時間完全和漢人重疊，像道卡斯族的「巴代祭祖」就與清明節祭祖同時；「做旗頭」和中原普渡同天，而且道卡斯族在這天有舉旗的慶典儀式，漢人也在廟前豎起竹竿安營旗；中秋節剛好是道卡斯族人做旗尾的日子等。因為如此，雖然導致了漢化的速度比其他族群快，時間上的巧合卻讓道卡斯族的傳統祭典在漢人的節日中多存續一段時間。

凱達格蘭族（Ketagalan）

凱達格蘭族的祖先據說來自於叫「沙那塞」海岸的遙遠地方，對於「沙那塞」是何處至今眾說紛紜，有人認為是台灣以外的海島，也有人認為是八里鄉的十三行地區（因為凱達格蘭人擅長煉鐵）。不過從北海岸登陸的說法倒是可以確定，因為凱達格蘭族是北台灣平埔族中，最早在水邊靠漁獵生活的族群。而其來台時最初的登陸地點，目前有二種說法，台灣東北的三貂角或是淡水河口一帶。現今的台北有許多地名都是凱達格蘭族語音譯而成，像大龍峒、北投、唭哩岸、八里、秀朗、艋舺等。

凱達格蘭族是母系社會，財產由女性繼承，而男性必須入贅。埋葬死者是用側身彎曲膝蓋的屈肢葬，墳墓離家不遠，表示族人即使過世，也不會被親人和社會所遺棄，而仍受到重視和追思。

噶瑪蘭族（Kavalan）

二〇〇二年正式被認定為台灣原住民的第十一族。「Kavalan」在噶瑪蘭語裡，是「平原之人類」的意思，主要用來和當時居住在山區的泰雅族區別。原居於蘭陽平原，後因漢人爭地而逐漸南遷至花蓮甚至遠至台東縣北端等地，是最晚漢化的平埔族。噶瑪蘭族語至今依然完整保存並使用著，族人還編撰噶瑪蘭語辭典、語法書等，作為學校鄉土教學的材料。噶瑪蘭族不僅族群意識強烈，宗教信仰以及文化祭儀也都十分鮮明。宗教活動在噶瑪蘭人的生活中占有重要的地位。

噶瑪蘭人的宗教信仰以祖靈崇拜為中心，將人間與靈界分開，相信靈界有鬼神能保佑或懲罰凡人，部落中由祭司和巫醫來負責靈與人之間的溝通，並為族人治病。族人每逢粟米播種、收成時，都要舉行農耕祭典（稱為「做年」或「做田」），大夥坐在地上，賽戲飲酒，唱歌跳舞，用手抓取米籮內的食物來吃，除了有糯米、肉乾、魚貝外，還有噶瑪蘭人最會採煮的野菜。

噶瑪蘭族是母系制度的社會，巫師皆為女性。男性原本有年齡階級的組織，但目前都與阿美族的階級組織相融合併。重要的祭儀活動有：出草勝利之後的儀式「卡達班」（目前這項活動都和阿美族的豐年祭合併舉行）、成為巫師的入巫儀式「奇賽伊茲」；治病儀式「巴格拉比」、喪禮「巴都幹」，以及年底的祭祖儀式「巴禮令」等。

噶瑪蘭族有一個關於「噶瑪蘭公主」的傳說故事，相傳海龍王有一個最疼愛的女兒，美麗的「噶瑪蘭」公主，心儀著龍宮裡最英俊勇猛的戰將「龜山將軍」，但兩人在尚未獲得龍王的允許之前，卻私相愛慕，互許終身。而此事被龍王知道了，再加上一向嫉妒龜山將軍的蛇山將軍向龍王進饞言，龍王為了維護傳統禮法，只得忍痛將噶瑪蘭公主監禁在龍宮內苑，而將龜山將軍驅逐於外海永無歸期，就從這個時候起，原本活潑可愛的噶瑪蘭公主因為傷心，開始沈默不語，甚至漸漸的化為蘭陽平原，苦苦盼望著龜山將軍的歸來。

龜山將軍怎樣也捨不得離開心愛的公主，說什麼也不願遠離龍宮，龍王在盛怒之下，下令所有蝦兵蟹將要把龜山將軍推向外海！就在宜蘭外海，龜山將軍化為龜山島，以他最後的力量搖曳著尾巴，反擊那些正前仆後繼的蝦兵蟹將們，並回過頭來長嚎著他的思念與呼喊，他遙望著東南方，狂亂地嚎叫著公主的名字「噶瑪蘭！噶瑪蘭！」。直到現在，只要站在龜山島邊，用心的仔細聆聽岸邊的海浪聲，就彷彿能聽到龜山將軍正在悲傷的呼喊著噶瑪蘭的名字。

而那些被擊昏的蝦兵蟹將都進入了漁人的網中，幾萬年過去了，推向外海的任務還未完成，因此這島嶼周圍的魚兒便也捕之不盡！而漁民也知道，每當看到龜山將軍頭上戴上了噶瑪蘭公主為他親自編織的斗笠，便知道兩人又即將為了思念對方而流眼淚，那時天空就會下起滂沱大雨，並在海上掀起濤天巨浪，讓龍宮不得安寧，所以漁民們只要看到龜山戴笠，便會開始準備收纜返航。

雷朗族（Luilang）

雷朗族主要分布在新北市中和、三峽一帶，及桃園縣一些地區。以魚獵、種薯等方式維生，但族群現已絕跡。之前將其歸為凱達格蘭族的一支，而兩族的地域劃分為淡水河以北是凱達格蘭族，淡水河以南是雷朗族。雷朗族的名稱由來，是日本史學家小川尚義用台北東園「雷」里社及中和秀「朗」社，兩個番社名取其中一字所成的「雷朗族」。

表十四　台灣平埔族與分布區

族別	分布區
西拉雅族	台南、高雄、屏東三地，部分移居台東縣
洪雅族	今台中盆地霧峰以南至嘉南平原新營以北
貓霧捒族	濁水溪以北，大肚溪以南區域。部分移居南投縣埔里鎮
巴則海族	台中、豐原、東勢一帶。部分移居南投縣埔里鎮
巴布拉族	台中大肚溪以北，清水鎮附近海岸。部分移居南投縣埔里鎮
道卡斯族	今台中市大甲以北至新竹市一帶之海岸地區
凱達格蘭族	今桃園、台北及基隆一帶
噶瑪蘭族	原居地以宜蘭縣為主、部分移居至花蓮縣境，最南至台東縣長濱鄉。
雷朗族	新北市中和、三峽一帶，及桃園部分地區

第三章　原住民各族文化概要——高山族篇

高山族各族有不同的文化、社會組織。政治組織皆以部落為單位，卑南、排灣兩族在歷史上曾出現跨族群及部落的「王」之政治組織。阿美、卑南族為母系社會，由女子繼承家產。賽夏、布農、鄒族則為父系社會，由男子繼承家產。貴族社會則是魯凱、排灣族，土地為貴族所有，平民須向貴族服勞役和繳租稅。達悟族沒有階級組織，採部落合議制，屬於平權分享的社會，共同造船、捕魚、平分漁獲。阿美族為人口最多一族，個子也較高，住平地，種植水稻，喜穿紅衣服。泰雅族、賽夏族、賽德克族有在臉上刺青的傳統。布農族住在最高的山區，擅長木雕工藝，住石版屋。排灣族視百步蛇為其祖先，視為神一樣崇拜。原住民大多屬於精靈崇拜，對靈魂屬類，各族不一。屬於生命禮儀有布農族的打耳祭、卑南族的猴祭；屬於歲時祭儀有：雅美族的飛魚祭、賽夏族的矮靈祭、阿美族的豐年祭。

泰雅族（Atayal）

Atayal在泰雅族語中是代表「真正的人」或「勇敢的人」。該族以文面、文身的風俗，與男善狩獵、女善紡織的特色聞名。傳統上主要以山田燒墾及狩獵維生，但也從事捕魚、畜養家畜等農作，少數的部落則實施水田稻作。泰雅族的社會組織大體而言，可以分為「部落組織」、「祭祀團體」、「共負罪責團體（Gaga）」、「狩獵團體」等四種團體。

部落組織是以父系為中心，由諸兄弟形成聯合家族，財產與房舍共同擁有的團體。祭祀團體是為了祖靈祭之進行而組成。而Gaga是一種社會規範，代表族人須共同遵守誡律和風俗。狩獵團體則是打獵時形成的獵團。這四個團體的成員有互相重疊的特色，在不同的部落裡，祭祀團體可能大於狩獵團體，也可能狩獵團體大於任何一個團體，各地的差異性頗大，無法一概而論。除了四個團體，巫醫也是泰雅族中的傳統角色，多由女性世襲（母女或婆媳相傳）。

泰雅族較重要的祭典有播種祭、收穫祭及祖靈祭三種。收穫祭可分為粟的收穫祭和小麥的收穫祭等不同的名稱，但不論何種都是表達對豐收的滿足和喜悅，祭典全部由祭司主持，而祭司多半由頭目擔任，不過有些地方則由有勢力的人擔任。

在台灣原住民中，會在臉上刺青（人類學家稱之為「文面」）的民族只有泰雅族、賽夏族、太魯閣族、賽德克族。早期太魯閣族、賽德克族被併入泰雅族，而賽夏族的文面主要與泰雅族互動生存有關。因為賽夏族人本身不會刺文，所以多由泰雅族人執行。而太魯閣族亦屬賽德克人。也因此，台灣真正擁有文面文化的僅有泰雅族與賽德克人。文面的意義為：驅除邪魔、美麗雅觀、族系識別、榮耀象徵，亦是一種成年的象徵，最重要的就是成為死後被祖靈認可的標誌。文面也是紀錄泰雅族的宗教信仰和價值觀的方式。泰雅族認為文面顏色愈深，色彩愈黑，愈顯美麗，而文面所需的費用一般人是無法輕易負擔的，因此文面也同為財富的象徵。

泰雅族人因為需要經常外出工作，所以會帶一些米在身上，等到肚子餓的時候，便砍下新生的竹子作成竹管，上方留孔，下方密封，把米從孔隙中倒進去，然後用蒸煮的方法把米飯弄熟，吃時只須把竹子剖開，米飯便會帶著濃濃的竹香，這就是竹筒飯的由來。現在為了符合遊客的口味，會加上肉與香菇，但傳統的竹筒飯是不加的。

泰雅族的衣服多為紅色，是因為他們相信惡鬼最害怕這種顏色；衣服上的菱形花紋，則象徵祖靈的眼睛，具有保護作用。泰雅族有非常奇特的搶婚儀式，他們認為搶親流點血才是吉兆。泰雅族人在結婚時，男方會選一個吉日，集結親朋好友到已有婚約的女方家，假裝要強行帶走她，而新娘和她的父兄們也要極力抗拒，你爭我奪一番後，男方才能把人帶走。

賽夏族（Saisiyat）

賽夏族分為南北兩支，各有一名頭目，且各家族中的長老地位非常崇高。賽夏族盛行以動物、植物和自然現象作為姓氏，信仰著超自然的神靈和祖靈、矮靈。兩年一次的矮靈祭是賽夏族最主要的宗教活動，而其他的祭典就由不同姓氏的長老主持，對於祭典的分工非常明確。

賽夏族屬於父系社會，以地域和圖騰氏族為社會組織的基本構成單位。圖騰相同的三五同姓家族聚居為一聚落，聚落又聯合成一個村落，村落中同姓家族則組成各姓之氏族祭團，是各姓耕地漁區的互助單位，最後再聯合成一個部落聯盟，也就是現在所稱的南賽夏和北賽夏。由於賽夏族的分布地盛產竹林，族人慣於在建築和生活中大量的使用竹製品，進而發展出精巧的竹編文化。

賽夏族的祭典非常多，但固定會舉行的有矮靈祭、播種祭、祖靈祭與祈天祭。賽夏族的社會文化中族人並不常跳舞，唯一可以看見舞蹈的只有矮靈祭。賽夏族在矮靈祭用舞蹈呈現了矮黑人與族人相處的情形，還會使用「臀鈴」作為舞蹈道具。賽夏族除了一般的歌謠之外，就屬矮靈祭的祭歌最為重要。普通的歌謠流傳至今的並不多。而矮靈祭的祭歌，在每二年一次祭典中，都必須由全體一起歌唱。祭歌不僅篇幅廣，除迎神歌之外都伴有舞蹈，而更重要的是祭歌的歌詞內容也記載了賽夏族的歷史與文學意義。播種祭定期在四月舉行，目的是祈求農作豐收，現今只剩苗栗「向天湖」一地還保有此祭儀。祖靈祭是祭祀去世的先祖，並舉行儀式以獲得家族成員的認定，成為家族的一份子。祈天祭為賽夏族與自然對話的祭儀，一年一小祭，隔年一大祭，目的為祈雨、祈晴、或鎮風、驅疫等。據說祭典期間必定放晴，十分靈驗。

賽夏族與泰雅族相同，皆有文面與文身的習俗。在賽夏族中，文身是獵頭勇士的專利，通常文於胸前肋骨的地方，而且可依獵得的首級數目增加刺紋。男子成年時，會在上額及下顎各刺一列紋飾，而女子僅刺在上額，和泰雅族在雙頰刺上寬邊的V形紋飾不同。

對於賽夏族文身起源的由來，有兩種說法，一是據說賽夏族原本沒有文身的習俗，但是因為常被泰雅族誤認為平地人而被獵頭，於是兩族商量，以文面為標誌。二則認為有可能是「泰雅族」和「賽夏族」之間結為攻守同盟的遺跡，後來才成為「賽夏族」氏族的標誌。

布農族（Bunun）

在布農族語裡，Bunun是「人」的意思。布農族由於過著山田燒墾的游耕生活，聚落之間散居各處，因此沒有頭目而由各家族族長共同主持部落事務。他們以血緣為基礎，結合具有共同祖先者形成氏族團體，再依其血緣、結合性、共同性等特質，來區分為小氏族、中氏族、大氏族，其中一個大氏族就略等於一個社，同氏族間的男女是不能通婚的。布農族的信仰與其他的高山族相同，都崇尚自然，信仰祖靈，唯自西洋傳教士進入山區宣教後，大部分都已改信天主教、基督教、新教等西洋宗教。

布農族以游耕為生，因此對小米的收穫極為重視，進而發展出一套隆重而複雜的祭儀，布農族也因而成為傳統祭儀最多的一族。各種祈禱小米收穫所衍生的祭儀有「小米開墾祭」、「小米播種祭」、「除草祭」、「收穫祭」、「入倉祭」、「射耳祭」等，對於布農族人來說，所有農事或狩獵行事的時間，都要依著自然的規律來決定，像李花盛開時，適合播種小米；月缺時適合驅蟲、除草；滿月時適合收割舉行收穫祭等。就連休閒活動也都要帶著祈禱收穫的誠心，例如在除草祭儀結束後，會打陀螺以祈求小米像陀螺（快速旋轉）一樣快速的長大；盪鞦韆就希望小米可以長得跟鞦韆盪的一樣高等。

布農族的聚落分布非常零散廣闊（分布的海拔從二百到二千公尺之間），甚至有時住屋彼此也相隔非常遠，由於往來上的不方便，所以布農族人常會藉著山谷回聲效果，或喊或唱呼喊同伴。在這樣的成長環境下，加上布農族人認為，歌聲愈和諧、優美，天神愈高興，今年的小米就會結實纍纍，因此布農族人發展出相當複雜的合音唱法。布農族人一起合唱的《祈禱小米豐收歌》就用到了八部合音，是目前世界上獨一無二的合音方式，布農族也因此而聞名世界。

傳說中，布農族曾經有過文字。很久很久以前，發生了一場大洪水，一對布農族兄弟分別帶著先人留下的寶物避難，但負責保管文字的哥哥卻將文字遺失了，從此以後布農族人便失去了文字。雖然失去了文字，布農族卻擁有其他民族所沒有的「畫曆」，這是一種以類似象形文字的符號在木頭上記載著農事、出獵等行事。

布農族的巫術在高山族九族中被公認是最靈驗、最具法力的。一般而言，布農族的巫術可分為兩種，一種稱為白巫術，即為普通民眾求晴、祈雨、驅鬼、破邪、招魂等。第二種稱做黑巫術，是專業巫術，多用於復仇。行巫的巫師也可分為兩種，一種為歷代相傳，由老巫師傳授；另一種是所謂神靈在夢中傳授的巫師，稱為夢巫。

除了巫術以外，布農族的禁忌在各族中也是最多的。布農族語稱禁忌為masamu，禁忌也算是布農族的原始宗教之一。食的禁忌主要是隨小米而來，在一月到八月小米播種、生長期間，忌吃糖、甜食，如甘蔗等，違反者意味著會吃不飽、貧窮；小米收成的第一天忌吃中餐，否則會發不了財；四月祭典當天不能吃鹽，否則所種的豆子會長不出來；進餐時，孕婦先進食，餐後先離席，違反者將會難產；豬頭只有老人、小孩和未婚者才可以吃，否則會打不到獵物；小孩不能吃豬尾巴和屁股，否則會發育不良。衣的禁忌上，衣服反穿將會成為孤兒。住的禁忌上，蓋房子時不管地上有無草，都要用鋤頭鋤幾下，草除好後忌諱立即蓋房子，必須等到做個好夢後才可以蓋，如一直沒有好夢，就必須放棄該處另外找地方蓋房子。就行的方面來說，出門或打獵時若聽到鳥叫聲源於右側，表示吉利，反之則不吉利，必須立刻取消預定行程。如果左側鳥叫，右側鳥應和，則是「非常」不吉利。另外，狩獵者若要在凌晨天亮時出門，當晚就不能與小孩同屋睡。如出門前小孩打噴嚏或放屁，表示不吉利，應該取消出門的計畫。

鄒族（Tsou）

鄒族在早期的文獻裡稱為「曹族」，日本人稱之為「阿里山番」，但該族人認為此譯名與他們的族語原意有誤，而於一九九九年要求正名為「鄒族」，鄒在鄒族語中代表人或人類的意思。

鄒族可分為南鄒與北鄒，南鄒指的是南方的卡那卡那富族與沙阿魯阿族，北鄒又稱阿里山鄒族。主要以山地耕作及狩獵為生，現今狩獵只在祭儀中占有重要地位。生產的作物非常多樣，以小米、旱稻、李、梅、桃、生薑、甘薯為主，竹筍為生產大宗。較特殊的作物有香菇、板栗、棕櫚、油桐、山茶、愛玉子等。鄒族人嗜好小米酒、薯酒、竹筒飯與菸草，生活簡樸，但非常重視祭典且人人都能歌善舞。

鄒族的社會組織，由小至大分為單一姓氏家族、聯合家族、氏族和大社。聯合家族由幾個單一姓氏家族組成，共有耕地、河流漁區和小米祭祀小屋（又稱粟祭屋）。而幾個聯合家族組成氏族，可能有血緣關係，也可能沒有，同一氏族禁止通婚。最後由幾個氏族聯合，就組成了大社。由聯合家族推派長老，共同主持長老會議是鄒族部落的最高決策單位。頭目會依長老會議的指示分派工作，賦予每一個聯合家族責任與義務。鄒族沒有階級制度，但有幾個族中的特殊地位，如頭目是由其中一個家族固定承襲；征帥是爭戰、獵首的指揮官，有可能由頭目擔任，也可能不只一位；勇士則在戰場上有特殊功勳的族人。

鄒族重要的節日祭典有小米祭（即豐年祭）、馬雅斯比祭、小米收穫祭、年終大祭、成年禮等，主要的信仰中心為戰神。小米祭（豐年祭）的祭儀內容不僅僅只是慶祝收穫，還包括象徵性的敵首祭、家族團結祭、路祭及建祭等。馬雅斯比祭，通常在外出取得重大成果凱旋歸來時舉辦，但也會在男子會所興建、修建會所、大豐收時舉辦。但迄今演變為綜合性祭典，內容包括迎神祭、男嬰初登會所禮、成年禮、送神禮、婦女引火祭、家祭、歌舞祭等。

鄒族的歌謠與祭歌都帶著特殊的旋律起伏與合音，非常類似飛瀑與山林所形成的特殊共鳴，據說是鄒族的神靈喜愛瀑布的和暢之聲，族人特地學習模仿的。也因此鄒族人要學唱歌，還得準備祭禮前往瀑布學習。位於達邦部落的發安瀑布、彩虹瀑布、神秘瀑布和里佳瀑布，至今都會有族人攜帶禮物前往投擲，作為學唱歌的「祭禮」。

魯凱族（Rukai）

魯凱族自稱Ngudradrekai，意指山上的人、或住在山上比較冷地方的人。而文獻中移川子之藏所用的Rukai（魯凱），應該是擷取自Ngudradrekai的drekai，因發音的關係drekai變成了Rukai。所以魯凱族人用國語自稱的時候會用「魯凱族」，但用母語的話就會自稱「Ngudradrekai」。日本人類學家伊能嘉矩和鳥居龍藏依他們所做的分類，稱魯凱族為澤利先族，「澤利先」就是「住在山地的人」的意思。過去，漢人也將魯凱族和排灣族的拉瓦爾及布曹爾兩支族合稱做「傀儡番」，但事實上，魯凱族語中沒有傀儡這個詞，傀儡番的名字來源和其意義已經無從考核。目前有一種說法是，閩南語的傀儡和魯凱族、排灣族語中的某些詞發音類似而被代稱。狹義的傀儡番只有魯凱族和北排灣族，廣義的傀儡番就是泛指住在山上的生番。

魯凱族的社會組織由四個社會階層所組成，分別是頭目、貴族、士和平民，可因婚姻關係而提升（或下降）。頭目是部落大地主，擁有土地、河川與獵區，頭目會將一部分的稅金送回給需要救濟的平民，或宴請所屬的平民和士一起分享收穫。貴族屬特權階級，是頭目的近親，可分為二頭目或小頭目，不用納稅。士為有功績或特殊才能的村民，社會地位介於貴族和平民之間，士的長子可以為士，其餘庶子則為平民。平民（佃農）則有向頭目納稅的義務，而且必須向頭目租用田地、漁場和獵場，來從事農、漁、獵活動，並將所得的一部分當成稅金繳納給頭目。魯凱族是父系社會，而且重男輕女，所有的家產與社會階級都由長男繼承。

百步蛇在魯凱族語中沒有專屬的名字（其他蛇類都有），可能是基於崇敬的原因，魯凱族反而用Kamanian（強者）、Amani（就是牠）、Patada（我的伙伴）或Maludran（長老）來稱呼之。傳說中魯凱族的祖先是由百步蛇所生，所以魯凱族也自稱百步蛇的後裔。而身為魯凱族守護神的百步蛇，族人常將百步蛇圖紋刻在家屋的祖靈柱、簷桁、門扉等木雕上，或作為身體的刺青、衣服的刺繡、陶瓷以及繪畫圖樣等，許多的生活器物上都會有百步蛇的圖案。

在衣服裝飾上，因為魯凱族相信百步蛇會愈來愈胖，最後變成老鷹，男女族人都以能插老鷹羽毛為最高榮譽。野百合花是魯凱族的族花，男人必須具有貴族身分或成為部落族人認定的英雄（勇士），才可以配戴；而女人則必須是純潔無瑕的，才可插於頭上。黃心百合更要家世清白、受族人愛戴、受朋友歡迎的女孩才能戴上。

排灣族（Paiwan）

排灣族的名稱據說是日本學者以該族的居住地來命名，該族擁有原住民社會組織中少有的貴族制度，以及精緻的工藝技術。排灣族主要分為拉瓦爾群（北排灣）及伕主勒群（南排灣和東排灣）兩大系統。北排灣族由於和魯凱族比鄰而居，在服飾及器物的風格上，反而和其他地區的排灣族有顯著的差別。排灣族也有刺青的習俗，但和泰雅族全族刺青的風俗意義大不相同，刺青是某些階級的特有權利，還會依家族而有不同的刺青花紋。

排灣族的社會結構雖然是世襲的階級制度，一出生就確定了一個人在社會上的地位，但他們也可以藉由個人的努力，在各方面（例如爭戰、狩獵、雕刻等）的表現上提升地位，或藉著婚姻提升子女的位階等。排灣族家中的一切是由長嗣繼承，且不論男女、兩性平權（與魯凱族的長男繼承制不同）。排灣族是極具藝術創作活力的一族，擅長木雕、石雕和織繡，不論從衣服、首飾、房屋到各式各樣的生活用品，都可以看見他們凸顯自我的藝術表現、美感經驗與藝術潛力。特別是排灣文化擅長吸收不同時期的外來文化，經過涵化、融合然後變成自己的文化特質，就是排灣族人歷久不衰的原因。

排灣族最著名的祭典就是「收穫祭」和「人神盟約祭」。「收穫祭」中的主角小米，在排灣族語中的意思就是「過一個年」，其本意是感謝神靈的眷顧，並作為一個年度終止或開始的分界。「人神盟約祭」就是五年祭，是排灣族最盛大的祭典。傳說中，排灣族的祖先曾到神界中，向女神學習祭儀以祈求五穀豐收、學習農作的種植、婚禮儀式等，並與女神約定，每隔一段時間以燃燒小米粳為記號，請女神降臨人間，接受人類的獻祭與感謝。

排灣族起源神話的紛雜程度高居原住民各族之冠，傳說大致可分為「太陽卵生」、「蛇生」、「石生」、「壺生」、「犬生」、「竹生」等，而這也許是排灣族居住地域廣大，與鄰近的各族互動頻繁所造成的結果。其中以「百步蛇生」的神話流傳最廣，在排灣族的傳說中，與蛇相關的神話向來是重要的核心。所以也衍生了許多以蛇為主體的神話，例如嫁給百步蛇的傳說（類似魯凱族的巴冷公主故事），或百步蛇生頭目神話等。

有學者認為，在紛雜的起源神話中，只有蛇生神話才是排灣族原有的神話。太陽卵生在台灣的原住民神話中比較少見，一般只出現在排灣族與魯凱族的傳說中，其中又以排灣族最盛。

卑南族（Puyuma）

現在卑南族的稱呼「Puyuma」（卑南族語，集中、團結、我們之意），其實是過去卑南族中南王部落裡最強盛的卑南社之名。卑南族依起源神話的不同，可分為兩個系統，石生起源的知本系統（知本社）和竹生起源的南王系統（卑南社），而事實上，這兩個系統不論在社會文化特徵、語言甚至是祭典上，都有明顯差異。卑南族早在元朝時，就已經和漢人有所來往，當時族人居住的地方在歷史文獻上就被稱做「卑南覓」（今台東地區）。到了清朝康熙年間，卑南族人（以南王系統的卑南社為首）因為協助平定朱一貴事件，甚至獲得冊封「卑南大王」的稱號。

日治時期，對卑南族有獨立成一個族，或與澤利先族（魯凱族）、排灣族合為一族的分類法。直到一九三五年，才正式將卑南族獨立為「Panapanayan」一族。原先學者的想法是以部落名Puyuma當成族名並不妥當，因此改用卑南的起源地「Panapanayan」稱之。但實際上，Panapanayan只是南王系統的起源地，知本系統的起源地則是「Ruvuwahan」。直到今天，藉由原住民正名運動的興起，卑南族原本有意以「pinuyumayan」（卑南族語中表示屬於卑南族的）來通稱卑南族人，不過，由於卑南族從沒有過一個通稱，加上不同社的族人仍習慣以起源神話來區分彼此，所以外界依舊以「卑南族」作為該族的通稱。

卑南族的各部落由於與平埔族、漢族、阿美族、排灣族等混居，文化受到相當大的影響，被稱為是高山族中漢化最深的一族。甚至還曾經因為排灣族對其影響過大，讓人類學家將卑南族併入排灣族中，最後則是因語言與風俗的差異，才另外獨立成卑南族一族。卑南族的社會結構由母系社會和男性年齡階級組織所構成，在婚姻上採取男子贅婚制並隨妻居，氏族的姓氏和財產的繼承都是由母傳女，祭祀權也是由女子來管理負責。卑南族由於人口較少，加上周圍部落的威脅，進而發展出斯巴達式的會所訓練制度。部落組織中擁有「少年會所」與「成年會所」，會所內實施嚴格的年齡階級制度，下階者必須完全服從上階者的領導，否則會遭到嚴厲的處罰。卑南族男子在會所中接受完整的教育訓練及部落防衛服務，例如謀生技能（狩獵、建築等）的學習、體能與膽識的訓練，培養刻苦耐勞、服從命令的精神。每個階級的成員都有不同的角色擔當，同時有不同的級名與服飾，卑南族中的男子都必須完整通過會所的晉級與考驗，才能成年結婚。

卑南族的民族性格非常強悍，雖然一直被說是漢化與排灣化最深的民族，但依舊致力於保存古老的傳統與精神。直至今日，因各式各樣的傳統祭典被完整地承續下來，而成為研究原住民文化最主要的對象。目前可見的祭典有：年祭、收穫祭（海祭）、猴祭及大狩獵祭、除喪祭、除草祭等。各村尚有傳統的巫師為族人治病、驅邪及執行生命禮俗，族中的年輕人也會向長老群學習與請益。

阿美族（Pangcah, Amis）

Pangcah在阿美族語中有「人」、「同族人」或為「同一個血統的人們」的意思。而Amis在阿美族語中則有「北方」之意。對於該稱呼的來源，有一說為馬蘭阿美族（住在馬蘭一地的阿美族）原本來自北方，所以用Amis來向其他族人介紹自己的來歷；另一說則是卑南族對居住其北方的阿美族的稱呼。早期的漢人文獻與日本官方文件，都稱呼其為「阿眉」、「阿眉斯」、「阿美」或「阿美斯」等，是目前台灣人口數多的高山族。

阿美族是母系社會，所有的家族事務由女性主導並負責，家族產業也由長女繼承或家族的其他女性為優先順位，所謂的家族和氏族也是指母系一族。社會組織中，擁有嚴密的男子年齡階級組織，所有涉外的、與部落有關的大小事務，都由該階級組織負責統籌規劃與執行。阿美族人的酋長和頭目並非世襲，而是由全體族人共同選舉推出一位身負眾望和受敬重的人來擔任，所以經推選出來的頭目在部落中具有相當的權威。

阿美族的傳統節日有豐年祭、小米播種祭、捕魚祭、海祭和與小米有關的一系列祭儀（例如準備祭、驅蟲祭、乞晴祭、收割祭）等，特別是豐年祭，為阿美族最重要的祭祀儀式，相當於漢人的農曆年，在每年七~九月間進行。祭典中，全族都會穿上漂亮的服裝，圍著營火，載歌載舞，以答謝神靈的庇佑及慶祝農作物豐收。傳統上，阿美族人以小米、芋頭等為主食，同時佐食則有野菜、海鮮和silao（醃生肉，材料多為獸肉或魚肉）。阿美族人的野菜文化相當豐富，光是辨認出來可食用的野菜種類就超過二百種以上，也因此阿美族人常戲稱自己是「吃草的民族」。居住在海邊的阿美族人，豐富的海洋資源更讓男子都是潛水好手、海洋獵人，而女子也都擅長採集貝類與海草。愛用鹽巴是阿美族人飲食的特徵，對他們來說任何食物只要有鹽巴就夠了。

阿美族人的服飾文化中，女孩子幾乎都以鮮紅色、素面為主，衣服上沒有特殊的裝飾。男孩子的服飾則更簡單，一律都是短褲，赤膊上身。阿美族人在原住民族群中，族群個性本來就屬於鮮豔活潑的一族，因此在歌舞表現上，也相當熱鬧，更在舉手投足間表達出阿美族人樂天知命的個性。

達悟族（Tao）

舊稱雅美族（Yami），源自日本人類學家鳥居龍藏對紅頭嶼（今蘭嶼，其名由來為島上盛產蘭花）的原住民之稱呼「yami kami」，「kami」在達悟語中是「我們」的意思，而「yami」則是來自於早期菲律賓巴丹群島人對達悟族人的稱呼。但達悟族人自稱Tao（意義為「人」），所以於一九九八年正名，將雅美族改為達悟族。該族語言和文化與菲律賓巴丹島的居民同源，而根據達悟族的傳說，他們的祖先來自於南方海域的島嶼。

達悟族是父系社會，社會組織中沒有氏族或貴族的制度，而是由各家族的長老為意見領袖共同處理部落事物。達悟族是台灣原住民中唯一以漁業為主的民族，但也會種植小米、芋頭等作物。而部落中，漁業主要是男性的任務，農業則由女性負責，同時按工作內容的不同，會各自組成不同的社會單位：「漁團組織」、「粟作組織」、「灌溉組織」

等。達悟族人雖然只有村社單位，沒有統一權威的頭目，但卻有許多自然社會調節和社會控制制度，例如在婚姻禁忌、工作互助、饋贈分配、血仇責任等參與關係中，也會運用雙系血親法則、集體責任及禁忌等。財產經濟觀方面，一邊用饋贈、分配等方式來調節經濟；另一邊用禁忌、標記和集體享用、分配等方式保證公私所有的關係。達悟族是愛好和平的民族，在這裡老年人的經驗與智慧備受尊崇。

達悟族的重要祭典有小米豐收祭、飛魚祭和大船下水典禮。飛魚祭，在每年的三至六月舉行，因為達悟人視飛魚為神賜予的禮物，在飛魚季期間只捕飛魚，不捕其他魚種，而所有的漁獲皆與部落共享。達悟族人相信若在飛魚祭結束前將漁獲分食完畢，來年就會有源源不絕的收獲。但進入現代社會以後，蘭嶼附近的海洋生態因濫捕而遭到嚴重破壞，直到二〇〇五年六月，政府為了保護達悟族人的飛魚文化，規定每年三至六月蘭嶼海岸線外六海浬內的海域，禁止十噸以上漁船捕魚，也禁止使用流刺網、追逐網，特別禁止毒魚、炸魚。達悟族人依海維生，捕魚時都嚴格遵守「只取其所須，而不加以捕殺」的原則。也因此政府禁令之後，蘭嶼附近的海域也恢復了生機。

邵族（Thaw）

邵族自稱為Thaw（邵族語中「人」的意思），如果有人問邵族人「你是誰？」，他們通常會回答「ita'thaw」，就是「我們是人」。邵族的生活方式是以漁獵、農耕和山林採集為主。由於邵族世居於日月潭畔，漁產也是非常重要的食物來源，所以發展出多樣化的漁獵方法，例如「浮嶼誘魚法」、「魚筌誘魚法」、「罩魚」等。也因為漁獵的需求，邵族創造出獨特的交通工具「獨木舟」，用整支樹幹挖空製成稱作Ruiza，據說是邵族祖先受日月潭中的猴子所啟發。

邵族的宗教信仰核心為祖靈信仰，分為最高祖靈和氏族祖靈，最高祖靈pacalar居住在拉魯島（原光華島）的大茄樹上，是最具權威的神靈，能驅除惡靈，也是女祭司求巫的對象；而氏族祖靈就是各氏族的祖先。邵族人家家戶戶中，都會有一隻「祖靈籃」，通常擺置在神桌上或離地約兩公尺的牆壁上。「祖靈籃」中盛放的是祖先遺留下來的衣服、飾品、珠寶等，年代愈久遠的就放在愈上層。「祖靈籃」所象徵的意義就是「祖靈的住所」。

邵族的祭典有豐年祭、播種祭、狩獵祭、拜鰻祭等，其中，豐年祭裡最重要的部分

「杵音之舞」，更成為日月潭八大景之一。「杵歌」是邵族人獨特的歌舞藝術，包含「杵聲（杵音）」和「歌舞」兩部分；以杵擊石所發出的咚咚聲即是「杵音」，搭配上敲擊動作與樸素的歌聲，就形成節奏強烈的「杵歌」，通常由邵族婦女來演奏。

太魯閣族（Truku）

太魯閣族原居住在南投縣仁愛鄉靜觀部落，十七世紀跨越中央山脈遷移至花蓮縣北部，目前人口約二萬餘人。日治時期被文化人類學者歸列為泰雅族下的賽德克亞族，二〇〇四年獲得官方承認，成為第十二個台灣原住民族。太魯閣族分布在花蓮縣和平溪，至紅葉及太平溪這一廣大的山麓地帶，是一個父系的小家庭組織結構社會，命名法則採用「父子連名制」。

在生產方式方面，太魯閣族採行焚田式的遊耕，並沒有土地所有權的觀念。傳統上，太魯閣族的男性必須有高超的狩獵技巧，已獵首過及擅於狩獵者才有資格文面。女性的首要條件是會織布，懂得織布才能文面。男女關係之間，傳統祖靈的信仰及恐懼深植於人心中，因此族人有著極嚴格的規範，不允許未婚的青年男女或已婚的人有越軌的行為或動作。而魯閣族人嚴守同一親族不婚的禁忌。在太魯閣族人的部落中，由成員共同推舉聰明正直的人為頭目。頭目維持部落的安寧和諧、解決仲裁紛爭，並能對外帶領族人守護獵區。

太魯閣族人的傳統宗教信仰是祖靈信仰，族人必須遵守祖訓Gaya，祖靈才會庇佑子孫，否則必定觸怒祖靈，降下災禍。而死後將在彩虹橋（祖靈橋）的彼端接受檢驗，斬獲過敵人首級的男人和會織布與編織的女人，才能通過彩虹橋，與到祖靈相聚。未通過檢驗者將被丟下河底。

質言之，太魯閣族的風俗文化與原住民第十四族賽德克族並無二致。兩族因地域之別現有不同名稱，但細究其文化，亦因長期分住二地有些許差異。兩族本為同源雖為客觀事實，但太魯閣族既已獨立，此間的認知只能留給族人去釐清了。

撒奇萊雅族（Sakizaya）

撒奇萊雅族世居於花蓮奇萊平原，人口約一萬多人。日治時代被分屬列為阿美族的一支，經過十七年的正名運動，終於獲得台灣官方承認。早在西班牙統治台灣的北部與東北部時，文獻紀錄上已出現撒奇萊雅族。荷蘭東印度公司時代，曾至台灣東海岸探尋金礦產地，與撒奇萊雅族發生多次衝突。一八七八年，由於漢人的侵墾，噶瑪蘭族的加禮宛人聯合撒奇萊雅族對抗清兵，發生加禮宛事件。戰役結束後，撒奇萊雅族人遭到遷社，與阿美族人混居，為避免清軍報復及滅族，撒奇萊雅族選擇隱姓埋名，於是自清末便消失在歷史紀錄中。日本對台灣原住民進行民族分類時，撒奇萊雅族人鑒於昔日衝突事件受創的記憶刻骨銘心，依舊選擇隱姓埋名，而被歸為阿美族，依地理歸類而稱為奇萊阿美。

撒奇萊雅族與地緣接近的阿美族語言有百分之六十的差異，彼此幾乎無法溝通。其祭典有播粟祭、成年祭、豐年祭、收藏祭、獵首祭、巴拉瑪火神祭等。撒奇萊雅族的馘首習俗主要意義在於復仇。早先撒奇萊雅人時常被太魯閣人殺害並取下頭顱。為了報復，他們便組成獵首隊至太魯閣族勢力範圍內獵人，並取回人頭獻給頭目。頭目會舉行獵首祭典，祭祀完後，將獵得的人頭拿到部落外埋藏。

巴拉瑪火神祭則是撒奇來雅族後人對祖先的追思祭典。祭典中共有七道法禮，並以紅、綠、藍、白、黑五色使者祈福。祈福儀式後，舉行火葬儀式，祈求火神的靈魂與族人一起浴火重生。撒奇萊雅族的服裝主色為土金色，綴飾則以刺竹及眼淚珠，呈現族群辛酸及不忘故土的決心。

第四章　認識賽德克族

高山族第十三族，也是官方認定的原住民第十四族，即是賽德克族。早在清朝的文獻中即可見到該族的記載。日治時期的人類學家，雖然發現賽德克族與泰雅族在語系上的差異，但兩者同樣有文面、出草等文化，故仍將其歸類在後者。而賽德克族與太魯閣族則有共同的起源與文化，卻在居住地域的迥異下分道揚鑣。

清朝關於霧社賽德克族的記載

清朝政府對台灣尚無法全盤掌控，其治理方式是建立「番界」，僅管理「界內」，屬於化外之地的「界外」則禁止漢人跨界進入開墾，以保障其生命財產安全。在此情況下，未歸附清廷的「生番」，很難出現在清朝的史料中，只能透過零星的記載一窺其生活區域或分類模式。

賽德克族世居霧社，「霧社」一地最早出現在歷史文獻中，見於一六九四年清朝人高拱乾纂修的《台灣府志》，文中敘述當時諸羅縣的管轄範圍已伸及「干那霧社」兩地。文中雖沒有出現「賽德克」或其部落名稱，但提到了其居住地，且清朝自認為已將該地納入轄區，並從中徵得稅銀。到了一七一七年的《諸羅縣志》中，提到水沙連內山有十個「生番」社群，其中「斗截」即道澤群，「致霧」即德克達雅群。一七二二年黃叔璥所著之《台海使槎錄》中，賽德克三族群（道澤、德克達雅、土魯閣）名稱皆出現，且被歸類在「北港諸番」的十二社之中。《台海使槎錄》甚至提到三群之間的位置、距離等資料。

十七世紀的《台灣府志》中雖然提到已在霧社徵稅，但其實清朝對賽德克群並無實質上的管理，在清朝的版圖上，此地也尚未成為其領地。直到一七二六年（雍正四年）的水沙連事件後，「水沙連北港生番」——包括致霧、斗截、哆羅郎（即土魯閣）三群，才在清兵的勸誘下，歸順清朝，此事記載於《仁愛鄉志》。故乾隆年間的《彰化縣志》中，可以看到致霧社地區已歸附於水沙連社，同樣成為清廷收番餉的地域。

道光年間的一八三二年，清廷解除漢人進入埔里（原屬番界禁入地）的命令，但在眉溪設置新的番界——人止關，此後，埔里地區的漢人與原住民活動的界線即是「人止關」。劉銘傳入台後，設立台灣史上第一個編制中的原住民事物處理機構——撫墾總局，實施「開山撫番」政策，為了招撫今霧社地區各部族，曾修築一條由東勢角水底寮到埔里社的道路，亦即今日之「八番崎越嶺古道」。此後，霧社與外界的接觸增加，以致光緒年間來台的官員胡傳所留下之《台灣日記與稟啟》，已能提及霧社附近的社名、各社距離、男女人口、族群關係等訊息，成為後人研究賽德克族珍貴的民族誌資料。

人類學家對賽德克族的歸類

日治初期，人類學家伊能嘉矩在《台灣番人事情》中將以埔里社為圓心的四周原住民，皆歸類於泰雅族，其中便包含霧社賽德克人。但因為伊能嘉矩本人未能實際探訪所有埔里山區，因此無從分析泰雅族與賽德克族的差異，自然標示不出「賽德克」這個群體。但往後的人類學家在為台灣原住民分類時，即使沒有將「賽德克」單獨列為一族，大多卻能認可賽德克族有異於泰雅族的獨特部分。

一九一二年總督府民政部理番本署出版的《理番概要》中，已經特別標示出賽德克的相對位置。一九一四年，舊慣調查委員小島由道在調查報告書中，則提到世居霧社、一向被歸類於泰雅支派、自稱「賽德克」的幾個部族，其自稱、語言、風俗、傳說皆與純粹的泰雅族不同。五年後，調查員佐山融吉在泰雅族的分類過程中，列出本族有七十二個社，其中包含賽德克族的道澤、德克達雅、土魯閣三群，以及花蓮地區的賽德克人。因原住民各族間習俗大同小異，在資料未臻完善下，佐山氏不敢斷定賽德克族完全「異於」泰雅族，但仍將此條目另外分出。

然而與佐山氏的報告同年出版的《台灣番族志》作者森丑之助，卻為了分類管理的方便，建議總督府將賽德克人直接歸至泰雅族管理。森氏的考量點是為了讓總督府減輕管理原住民的負擔，但其用意是政治性的，而非學術性的。隨後的藤崎濟之助則認為，若以「語言」作為分類標準，賽德克族應從泰雅族中獨立出來，但分類標準若是「文化」，兩者則應合為一族。一九三九年，生物地理學家鹿野忠雄提出，賽德克人與泰雅人雖有居住地理上的差異，體質、語言、風俗習慣亦不同，但兩者仍應合為一族，唯須給予不同的「亞族」稱謂。如此分類與稱謂，影響甚為深遠，一般對泰雅族的印象皆是下有「賽德克亞族」與「泰雅亞族」兩個族群，戰後來台的學者基本上也是沿路鹿野氏的論點再行闡釋。一直到賽德克族透過基督教長老教會的力量，組成有別於泰雅族的一群開始，才逐漸走向族群正名的道路。

表十五　日本學者對賽德克人的分類意見

時間	學者	分類意見
一九〇〇	伊能嘉矩	以地域性歸至泰雅族。
一九一二	小島由道	點出賽德克人的特色與泰雅族不同。
一九一七	佐山融吉	列出賽德克族各社，但資料不全，僅另列條目。
	森丑之助	政治考量下歸於泰雅族。
一九三〇	藤崎濟之助	訂出兩種分類標準。
一九三九	鹿野忠雄	訂為泰雅族下的賽德克「亞族」。

賽德克族≠泰雅族

一直以來，賽德克人被視為泰雅族的一支，因此一概稱之為泰雅族。如霧社事件的起事者，一般皆記錄為泰雅族人。其實，兩者間雖有相當程度在文化、習俗上的雷同（祖靈信仰、出草、文面等），卻屬於不同的語系，彼此間語言不通。然而，在二〇〇八年賽德克族成為獨立的一族之前，欲了解賽德克族，還是要從泰雅族的資料中去尋找。

泰雅族曾是台灣原住民高山族中分布面積最廣的一族，從北部中央山脈兩側，東至花蓮太魯閣，西至東勢，北到烏來，南迄南投縣仁愛鄉，皆為該族活動範圍。根據鹿野忠雄提出的學說，泰雅族下分為「泰雅亞族」與「賽德克亞族」兩個亞族。儘管兩者有族群方言的差距，仍概以「泰雅族」一個族名相稱。質言之，除了語系上的差異，賽德克族與泰雅族的祭典儀式也相當不同。如在傳統的小米祭典中，泰雅族所採取的是部落集體行動參與，但在賽德克族部落的小米祭典裡，卻是採行私密性的方式，由司祭者單獨去完成。此外，傳統巫醫在醫病過程中使用的卜器不同，祈禱語也不同。

隨著原住民利益與政治權利逐年受到重視，二〇〇四年一月四日，位於花蓮的賽德克亞族「太魯閣群」首先自泰雅族中分出，成為獨立的一族。二〇〇八年四月二十三日，「賽德克族」亦由泰雅族中分出，成為官方認定的原住民第十四族。此後的泰雅族便專指泰雅亞族（下有賽考列克、澤敖列兩個族群）。

太魯閣族與賽德克族分道揚鑣

居住在花蓮縣北部一帶，目前人口約二萬餘人的太魯閣族，早先亦住在霧社山區。

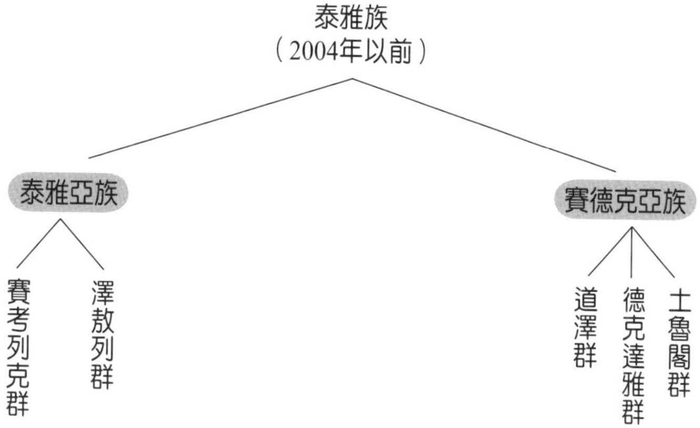

圖十二　二〇〇四年以前的泰雅族

約於十七世紀時，他們由中央山脈西側的南投縣仁愛鄉遷移至花蓮，被稱為東賽德克人。該族內亦有三個語群，德魯固（Derlugu）、布里告（Puliqau）、鬥截（Dorza）。以血統而言，同屬於賽德克族。理論上，太魯閣族應和目前的賽德克族一同從泰雅族中獨立出來，並成為同一個族群。但在時代變遷下，太魯閣族群成員有其不同的主觀認同意識，故於二〇〇四年先行獨立。早在太魯閣族發動正名運動之時，族內的布里告、鬥截二群便不贊同以「德魯固」作為族名，而傾向以「賽德克族」作為族群名稱，由此雙方展開激烈的對話。最後，花蓮太魯閣人則以涵蓋三族的「太魯閣」作為族群名稱，在《太魯閣族自治法》第一章第二條中，對太魯閣族的定義為：係指鬥截、布里告、德

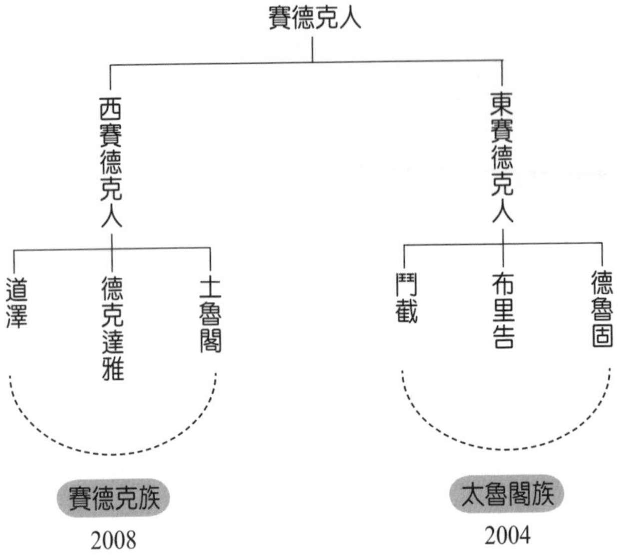

圖十三　賽德克族與太魯閣族

魯固三群共有之族名，以示此名之中立性。

太魯閣族正名運動期間，亦遭到來自南投縣仁愛鄉賽德克人的反對。雖然數百年來的生活領域已不相同，但依照祖傳的Gaya，雙方屬於同一族人，因此南投縣仁愛鄉Seejiq Truku、Seediq Tgdaya、Sediq Toda在埔里阿波羅飯店組成「族名正名促進會」。主張由三個方言群體的族人，於參酌學者專家意見後，共同決定族名，並要求政府暫緩花蓮「太魯閣人」片面正名為「太魯閣族」。

二○○四年台灣政府正式承認「太

魯閣族」後，賽德克族更積極進行正名運動，於二〇〇八年正式獲得官方認可。如今，太魯閣族已與賽德克族分道揚鑣，兩者雖在語系、文化上有極大雷同，但居住地不同，傳統服裝與歌謠舞蹈亦有相當差異性。

歷史知識家

今日的「賽德克族」，僅指居住於南投縣仁愛鄉之西賽德克人！

賽德克族的出草

賽德克族人除了對入侵的敵人獵首外，於舉行播種祭與收穫祭時執行的獵首行動也是屬於祭祀的範圍。播種祭儀前的獵首是祈求Utux（賽德克人所信仰的神靈）賜予豐收，收穫祭儀後的獵首則是感謝Utux的庇佑與賜福。因應收穫祭所派出的獵首團代表了部落的威勢，大都由頭目帶頭出獵，出獵之前會先派出先遣隊探查該次獵首的地點與對象，而獵首團必須敬候Utux的應允。

早期的賽德克社會中，人口愈多的部落就愈壯大，部落愈壯大族群就愈強盛，可知當時賽德克族人對人丁旺盛的渴望。因此，「獵首祭」為賽德克族人因部落增加了一個人力，以及為部落迎接一位新夥伴而慶祝的儀式。由於賽德克族人獵首的主要目的是「增加部落的人力」，因而對行獵的對象有其一定的規範：不獵孩童；不獵婦女，尤其懷有身孕者；不獵老者；不獵殘障者。

歷史知識家

過去在台灣的原住民文化中，獵首（出草）行為非常普遍，除達悟族（舊稱雅美族）外，幾乎所有原住民族群都曾有過此傳統。在漢人大規模移民之初，由於頻繁與原住民發生各種糾紛和衝突、誤會，漢人常常成為原住民獵首的對象。清代的《蓬萊小語》：「時人入山，常遇靈怪悲號迴野，俗謂『討路費，散冥鏹，可免。』遇怪悲號猶可，遇番悲號，則以首級為路費矣。」當時人認為在山中遇到鬼怪，也比遇到獵首的台灣原住民好多了。但一九三〇年代以後，在日本人嚴格限制下，獵頭行為逐漸消失。

對死亡的概念

賽德克人對死亡的觀念為「善終」。族人臨終時，家屬有人在旁看顧，即所謂「正常的死法」。死者的遺體會埋於死者床下，而善終的祖靈是部落的守護靈，會暗助病患使之痊癒，狩獵時幫助獲得大量獵物，亦能透過夢卜讓子孫們預知當日行事吉凶等。

「凶死」是指族人臨終時無人在側看護，且作惡多端又死於非命，遭人遺棄死在屋外等，此死狀的靈魂將會成為一個惡靈，所以會埋葬於離家屋有一段距離的郊外，或是穀倉下。

「Seediq Bale」、「Gaya」、「Utux」是什麼？

Seediq Bale漢譯為「賽德克巴萊」，Seediq是「人」之意，Bale是「真正的」，因此Seediq Bale意為「真正的人」，是西賽德克族「德克達雅群（Tgdaya）」的自稱。西賽德克族的三個子群，對「賽德克」的發音有些微不同。前述的德克達雅群自稱Seediq Tgdaya，道澤群自稱Seediq Toda，而土魯閣群自稱Seejiq Truku。原住民委員會對「賽德克」的正式寫法採用「Sediq」。

賽德克族的Gaya類似泰雅族的Gaga，為「祖訓」、「規範」之意。泰雅族的Gaga有三層意涵，一是遵循特定規範形成的社會範疇，包括祭祀團體、血族團體、狩獵團體等；二是應遵循的規範或實然的秩序，在泰雅族的語言中，Gaga一詞字面上即為「祖先的話」之意，因此，舉凡人際相處上的倫理、宇宙間的秩序、生活技術的指導、祖先的遺訓等，皆是Gaga的一環；三則是個人特質可供社會檢視與共享的外顯部分，一個人從走路姿勢、說話言語，到耕作能力、肢體動作等外在行為，皆為此人的Gaga，由於每個人的Gaga有強弱的不同，故可透過儀式，共享他人較為強壯的Gaga。Gaga的三個層次並非個別獨立，而是密不可分的。

在賽德克人的一生當中，皆受到Gaya的規範。根據Gaya，賽德克人從大樹上出生，生命源頭來自霧社的白石山上。男人要能獵首（出草），女人要會織布，之後得到文面的資格，文面代表已成人，才能結婚。而死後必須以文面作為標記，才有辦法渡過彩虹橋與祖靈團聚。Gaya除了規範族人從生到死的一切，勇士也能根據Gaya證明自己的清白，一個尊嚴受到羞辱的賽德克勇士，透過「獵首」——執行Gaya，便能洗刷恥辱、重新被族人接納。因為獵首的同時面臨的是自身致命的危險，因此若能成功獵到人頭，意味著取得祖靈的認同。

一九一四年，人類學家森丑之助研究後提出Utux為「靈魂」、「神」，也是「妖怪」之意。可見Utux在賽德克社會中是以多樣的面貌出現。泰雅族人與賽德克族人的傳統信仰觀皆相信靈魂不滅，故其對靈魂絕對敬畏，並發展出祭祀靈魂的儀式。賽德克人將祖靈稱為Utux，亦即他們所信仰的「神」。祖先的靈魂有善惡之分，善與惡來自主觀的認定，發揮守護的作用即是善神，而遇到阻礙的力量則是惡神作祟。根據賽德克族的傳說，人死後會經過一座靈魂之橋（即Hakaw Utux），順利過橋便能與祖靈相會。但屆時有出草戰績的男性，與懂得編織的女性才能過橋，否則便會被丟下橋，被大螃蟹神吃掉。

歷史知識家

Hakaw在賽德克語中為「橋」的意思，因此Hakaw Utux即可翻譯為「靈魂之橋」、「神靈橋」，總之，在賽德克人的認知當中，是其族人死後必經的、與祖先相會合的一條路。

第五章　霧社事件後的賽德克人

霧社事件後，日人對賽德克三族群皆有強制移居的政策。此舉比「集團移住」政策有更深的涵義。集團移住的目的，一般是為了將位於深山的原住民遷出，以便集中管理，但霧社事件後的強制移居，除了集中管理上的方便，更是為了制衡各族群間的互動。六社遺族被迫移居川中島後，日人便將其原居地賜給道澤群，解決其長久以來耕地不足問題。另一方面，將霧社的土魯閣群移居至今天仁愛鄉親愛村，以牽制干卓群、萬大群。

德克達雅群六社遺族

一九三一年四月二十五日二次霧社事件後，起事六社的遺族只剩下二百九十八人（一說二百八十人），除了病患外共計二百七十八名，被迫移居川中島——現稱清流部落（Gluban）。六社原在霧社的土地（山田、獵場等），日人將其全部賞賜給親日的「味方番」，作為獎賞。馬赫坡社（今廬山溫泉上方台地）、波阿崙社（今廬山部落）族人的原

圖十四　南投縣仁愛鄉賽德克人居住部落

居地，在事件後賜給土魯閣群；塔羅灣社、斯庫社（今雲龍橋附近台地）在事件後被廢除，土地亦賜給土魯閣群。荷歌社（今春陽部落）舊址則在事件後賞賜給道澤群作為耕地，羅多夫社（今仁愛國中）亦被廢除，獎賞給道澤群。

六社遺族從海拔一千多公尺霧氣繚繞、櫻花盛開的霧社，來到地勢低平、溼熱的川中島，許多族人因水土不服瀉痢病亡，之後瘧疾的大肆傳染又有更多的族人病故。日人為防止六社遺民逃亡，嚴密管理川中島，除了搭建駐在所，令警察日夜巡邏，更在四周圍建立圍牆，因為要預防叛變，每個晚上都在進出口上鎖。由於思念親人與故土，加上日警的嚴密監控與集體勞役等等壓迫，都讓餘生者痛苦不堪，時有忍受不了的族人自殺身亡。

川中島雖較霧社山區溼熱得多，但土壤肥沃，適合經營農業。甫遷村之際，不知道該種植何種作物，居住在附近的眉原部落（Bala）便帶著芋頭、地瓜、米等食物造訪川中島。更送了許多Sukei種子（一種豆類），並教導其種植。當地居民為了表達對眉原族感激之情，把這個豆子取名為Sukebhala（眉原豆）。同時，日人也提供農業技術與生產工具，企圖在經濟上扶持其自主獨立，進而再展開更澈底的普及教化。然而習於狩獵與種粟等生產方式的族人，定耕農業對其而言實在過於忙碌且繁重。種植水稻不僅要開鑿水利溝渠、整地、堆肥、耕田、插秧、除草、灌溉，收成後還要曬穀、淨穀，幾乎每天都是滿滿的工作，族人常常累得直不起腰，苦不堪言。但稻米收成後，口感著實勝過小米，辛苦的努力有了代價，而在日月遷移之間，族人漸漸習慣新的生活形態。

日人除鼓勵集體農耕，並著力改善交通、修築道路，辦理醫療設施、「番童」教育，並指導原住民完成現代化建築。在建屋的改良下，蚊蟲滋生的問題得到解決，瘧疾的感染狀況趨緩，族人熬過了最艱苦的歲月。

一九三九年，日月潭發電工程第二期完工後，興建了萬大水庫，將濁水溪的溪水引至日月潭。由於巴蘭社群的耕地為此遭到淹沒，日人便將其遷至北港溪中游台地，取名為中原社（今中原部落），鄰近清流部落。巴蘭社群的遷移，為川中島注入一股生機，由於同是賽德克族，鄰近生活互有照應，而巴蘭社群的出現。也讓被流放到川中島的霧社人多了擇偶對象，生活圈子終於較為開闊。

太平洋戰爭爆發後，台灣全島人包含高砂族全被納入「皇民奉公會」，從此一切生活皆須配合戰時行政，除了增加農業生產、擴大工業產能，在總督府鼓勵之下，高砂族社會普遍推行日語，取日本姓名，崇拜神道，著日式和服。川中島的餘生者也被這股狂熱波及，不但放棄了祖靈信仰，改頭換面成為「皇民」，甚至當物力維艱時只能維持極其儉樸的生活，也毫無怨言。一九四四年，「川中島青年學校」成立，意在培養高砂族知識青年為日本效命。而後，日人更組織「高砂義勇隊」，鼓動台灣各地的高砂族青年「為皇國而戰」、「為陛下獻身」。在日人特意營造的熱血氣氛下，川中島有三十三位青年便因此寫下血書從軍。為屠殺其祖先的日本「皇國」盡忠打仗。

戰後，國民政府接收台灣，將霧社地區併入埔里鎮，隸屬台中縣能高區。一九四六年成立仁愛鄉，鄉公所便設置在霧社地區（今大同村）。一九五〇年改為南投縣仁愛鄉，川中島則改為清流部落，隸屬於互助村。國民政府撤退來台後，廢除了「高砂族」的名稱，將居住在山地的族群稱為「山地同胞」，並給予漢名漢姓，還派了許多國語（普通話）指導員上山來教授官方語言。由於部落頭目制度被廢除，仁愛鄉各族群的菁英不得不加入國民黨，才能成為真正為族人服務的領導者。而霧社地區的土地也在各單位爭相接收日產下，多數成為漢人掌控的土地。原住民成為霧社地區土地最少的弱勢族群。

在此劣勢的情境下，六個社的德克達雅族人仍奮力生存，村內也陸續培育出傑出人物。荷歌社後裔比荷・瓦歷斯（高永清）曾擔任台灣省議會議員、兩屆仁愛鄉長，阿威・巴望（高愛德）則擔任過四屆南投市議員，並創辦泰雅族度假村、南投客運公司。

至今的清流部落約有千餘位居民，族人稱alang Gluban，以清流三角公園分叉路口為參考點，有三個子部落，下部落（alang Hunac）指正前方部落道路上坡處的水圳為界以下；上部落（alang Daya）指水圳以上清流派出所所在台地；杜洛度夫部落（alang Drodux）指右前方以排洪道為界。

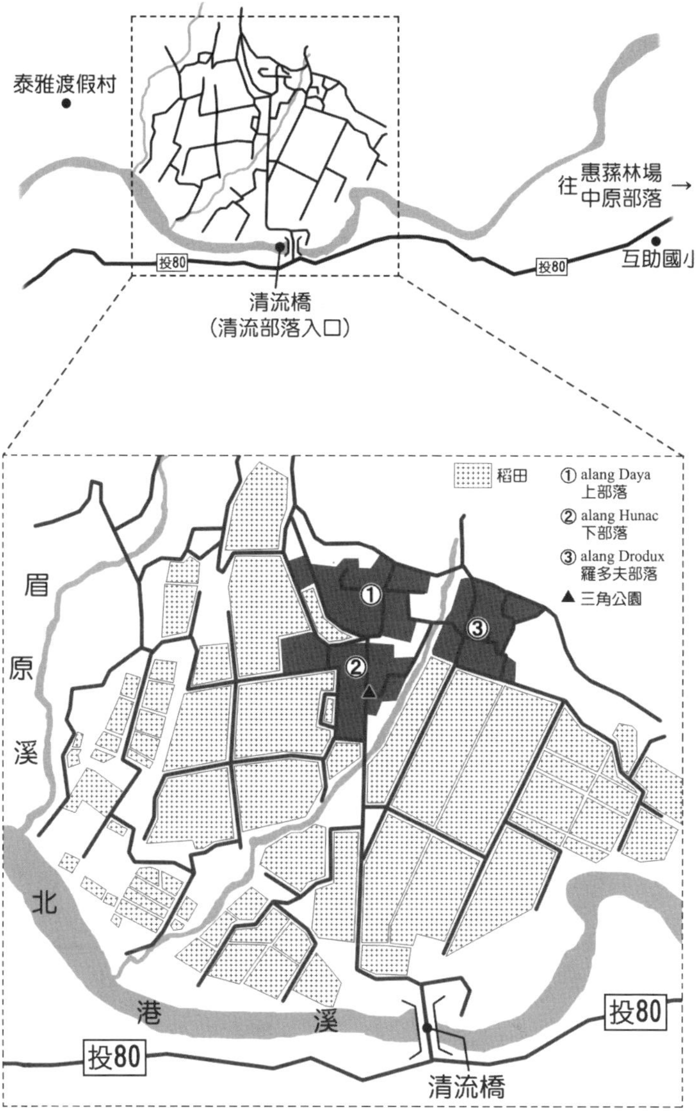
泰雅渡假村
往
惠蓀林場
中原部落
→
互助國小
投80
投80
清流橋
(清流部落入口)
稻田
① alang Daya
上部落
② alang Hunac
下部落
③ alang Drodux
羅多夫部落
▲ 三角公園
眉
原
溪
北
港
溪
投80
投80
清流橋

圖十五　清流部落地圖

✎西賽德克族餘社

未參與霧社事件的德克達雅族其他五社，初時仍被允許住在霧社區。一九三九年，日人興建萬大水庫之時，強制巴蘭社、塔卡南社、卡茲庫社移居至北港溪中游，取名「中原社」，亦即現在的「中原部落」。而西寶社、土岡社則居住在仁愛鄉南豐村，俗稱眉溪聚落。

霧社事件時，道澤群雖作為親日的一方，在日人欺瞞下殺戮自己族人（道澤群與德克達雅群同為西賽德克族），但日警對賽德克族的英勇甚為忌憚，終究擔心可能發生的叛變或反擊。因此，日方在事件後即令道澤群四社（頓巴拉哈、奇卡、洛沙、波奇澎）各抽一半家戶遷居春陽，留下者則集中於道澤台地，以便於監視。

霧社事件時道澤群總頭目鐵木．瓦歷斯死在德克達雅群族人手下後，日人派出駐在所的工友負責頭目之前的工作，即作為各社的聯絡對口。此後，日人便刻意在社與社之間製造矛盾，使其相互差忌，消弭抗日心理。居住在道澤台地的部落後被合併，日人併稱為道澤社，光復後改為平靜，現屬南投縣仁愛鄉精英村；遷居至春陽者，後成為春陽部落，屬於仁愛鄉春陽村。在賽德克語中，「平靜」發音為Toda，即「道澤」之意。平靜位於濁水

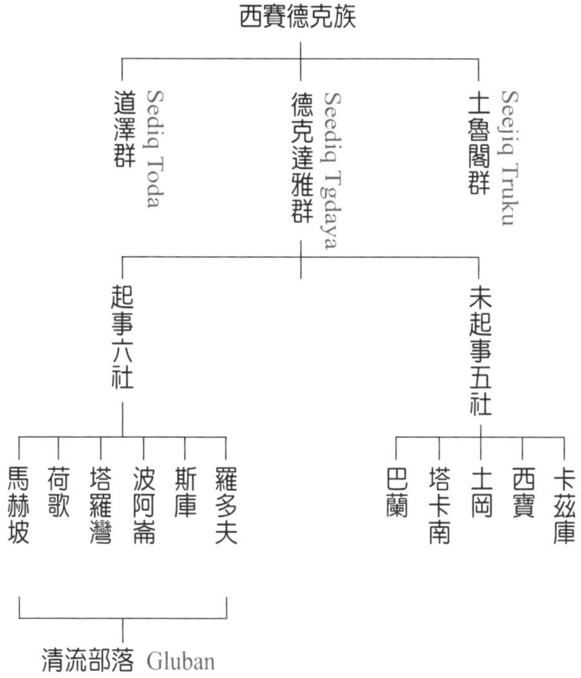

圖十六　西賽德克族各社

溪左岸、廬山以北，四面為山，海拔一千兩百公尺。此地環境清幽，人才備出，當前著名的原住民畫家美卡．瓦歷斯，便是道澤群後裔。

霧社事件後，土魯閣群獲得馬赫坡、塔羅灣、波阿崙、斯庫等社的獵耕地作為獎賞。其中，被移居至今仁愛鄉親愛村的土魯閣群，其用意是為了牽制萬大社、干卓社兩群。土魯閣其實便是太魯閣，因花蓮的太魯閣族在二○○四年取得獨立，為求區別，賽德克族下的Truku一支便譯為「土魯閣」。

東賽德克族——太魯閣人

二〇〇四年自泰雅族獨立出的太魯閣族，其實與賽德克族出自同源。太魯閣族內部有三個語系，類似賽德克族的Tgdaya、Toda、Truku，分別是布里告（Puliqau）、鬥截（Dorza）、德魯固（Derlugu）。約莫四百年前，部分賽德克人從南投縣仁愛鄉越過中央山脈，至花蓮、宜蘭定居，Puliqau遷至木瓜溪流域，Dorza遷至中橫天祥北方的桃塞溪流域，Derlugu遷至立霧溪流域。

二〇〇四年以前，可稱遷居花蓮、宜蘭者為東賽德克族人或太魯閣人。日治時期，佐久間左馬太總督發動「五年理番計畫」，其中最大的一次軍事行動，即是一九一四年征討太魯閣人之役（站在原住民立場應稱之為「入侵」）。該役因原住民不敵日軍大炮、新式武器的攻擊，只能投降。戰後日人將居住在立霧溪的賽德克人強迫遷至花蓮的秀林、萬榮，卻因秀林、萬榮一帶的耕地較多，意外使得Derlugu成為最具優勢的一支。因族人自稱為Derlugu（太魯閣），所以遷移的居住地區，便稱為「太魯閣地區」。太魯閣族語意為

「山腰的平台」、「可居住之地」、為防敵人偷襲「瞭望台之地」。這個地區即為現今太魯閣國家公園之範圍。

有關太魯閣族在二〇〇四年獨立，許多人祝福，卻受到部分人士的質疑。因賽德克族之下的三個語系中，其一即為太魯閣（Truku或Derlugu），太魯閣本為地域性名稱，何以將之作為一個族名？許多賽德克族人認為這是政治操作下的產物，指出政府當年因選票考量，匆匆承認其正名運動，卻沒有詳加探究血緣相承。但太魯閣族的被承認，更鼓舞賽德克族加緊腳步取得正名。二〇〇八年賽德克族獨立後，約有六百名花蓮太魯閣族人表示要放棄太魯閣族身分，重新加入賽德克族。

歷史知識家

花蓮太魯閣族（東賽德克人）的居住地「太魯閣國家公園」，亦涵蓋賽德克族（西賽德克人）居住的南投縣仁愛鄉東半部。

第六章　花岡家族的故事

霧社事件中最大的疑雲，便是花岡兩家人的自戕，以及花岡一郎、花岡二郎究竟是忠是奸。身為完整日式教育培育出來的模範原住民花岡一郎、花岡二郎，究竟有沒有參加霧社事件？兩人是畏罪自殺？還是一心與族人回歸祖靈？而花岡二郎的妻子娥賓・塔達歐（高彩雲）如何在接二連三的殺戮中生存下來？又是什麼力量支撐她在川中島的日子？

從花岡一郎、二郎的生長背景與自戕抉擇，足以得知日治時期原住民的在情感認同上的糾葛與衝突；而二郎遺孀和其遺腹子的故事，則展現霧社事件的遺生者，堅毅勇往直前的民族性格。

不容於世的日本化原住民

日本統治時期，霧社周邊的原住民小孩就讀四年制的霧社公學校，以及分布在能高郡（今南投埔里鄉、國姓鄉、仁愛鄉一帶）的八所番童教育所。一九二〇年代，賽德克族德克達雅群的荷歌社，出了兩位優秀的少年族人，受到日本人重點培育。

拉奇斯・諾敏（花岡一郎）自幼聰穎，在霧社公學校常獲得優異成績。在日人的教化政策下，公學校畢業後，保送埔里尋常小學高等科，畢業後進入台中師範學校講習科就讀。師範學校就學時期，作為「番族」教育的模範，日人將拉奇斯・諾敏取名為花岡一郎，意指沐浴在皇國恩澤下出任教職的第一人，而「花岡」則取自其出身的荷歌社每年盛開的櫻花場景。畢業後拉奇斯・諾敏返回家鄉霧社服務，擔任霧社分室乙種巡察，而後從事教育「番童」的工作。由於賽德克語、日語皆相當流利，他也在工作之餘也協助人類學家採集霧社地區的族群、語言、風俗研究，對學術程就頗有影響。

另外一位荷歌社青年為拉奇斯・那威，他的年齡較花岡一郎為輕，較晚入學，故日人稱其為花岡二郎。拉奇斯・那威自公學校畢業後，也被安排到台人難以進入的埔里尋常小學校就讀。畢業後便在霧社駐在所擔任警手，警手是警政機構中最基層的職務，因此拉奇斯・那威努力進修，打算報考「普通試驗檢定」，以爭取獲聘為「乙種巡察」。

一九二九年，在日本人刻意安排下，拉奇斯・諾敏迎娶娥賓・那威（川野花子），拉奇斯・那威迎娶娥賓・塔達歐（高山初子，亦即高彩雲）。娥賓・那威與娥賓・塔達歐兩位女子，皆是荷歌社頭目的重要親屬，因此幼時在日本人的安排下，也進入小學校就讀。但兩人在未完成學業時，即同時被要求輟學，並在安排下嫁作人婦。結婚儀式在霧社分室的神社舉行，兩對新人穿上能高郡守贈送的和服，並採用日式儀禮。這兩樁婚姻由日人撮合，目的是將此作為理番政策成功的證明。婚後，拉奇斯．諾敏依舊擔任番童教育所教師，拉奇斯．那威則擔任警備人員，兩家人的生活起居與日本人並無多大差別，可說日人的「同化政策」相當成功。

花岡兩人在日本人的積心培育下，可說有著難以釋懷的情感糾葛。他們當然知道自己血液中留著賽德克族的血，但事實上自己受到日本人一貫的培育，過著日式的生活，這點也難以捨棄。當執行勤務時，受到族人的冷嘲熱諷，內心的矛盾實在難以言喻。從小深植的本族信仰牽制著所受的日式教育，對族人的理解與同情遇上自身工作的責任感，兩造在心中產生難以解決的拉鋸。

霧社事件發生當天，日式警察宿舍牆壁發現了花岡兩人共同署名的遺書：「花崗我倆不得不離開這個世界，番人的公憤由於屢屢出役之故，演變成今日之局面，我倆亦為番人拘捕，終致一籌莫展，昭和五年十月二十七日上午九時。」

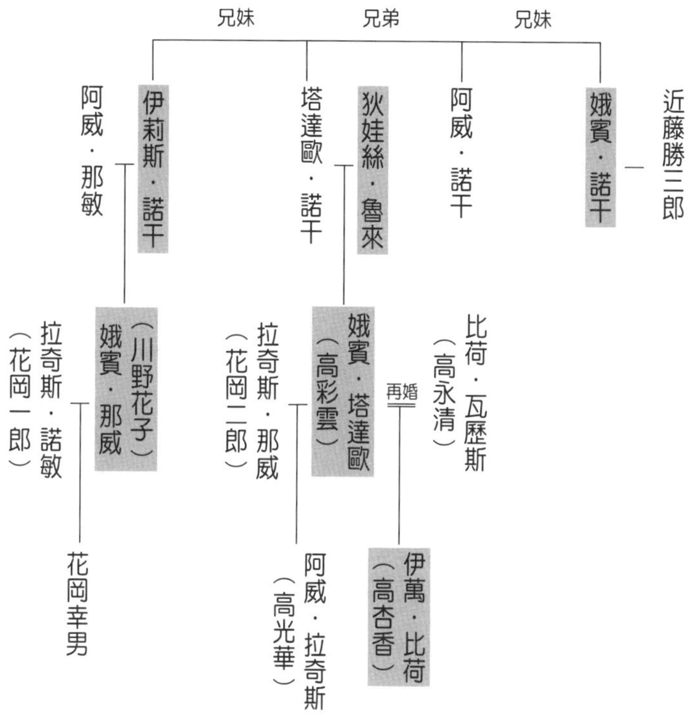

圖十七　荷歌社家系表

由於日人一直不願意相信這場事件是由「未開化」的原住民所發動，而篤定是日化的原住民帶頭叛變，故花岡兩人在事件一公開便受到日本人的責難，認為其忘恩負義。然而，當兩人靜靜地死在樹林中，花岡一郎甚至是以傳統日本武士的切腹自殺，消息一出，反而獲得日人的讚嘆。樹林中還躺著兩家人共二十多具屍體，但拉奇斯・那威（花岡二郎）的妻子娥賓・塔達歐，卻奇蹟似地活了下來，成為霧社事件最重要的見證者之一。

堅強的餘生者——娥賓・塔達歐

娥賓・塔達歐是賽德克族荷歌社頭目塔達歐・諾干的女兒，曾經接受日本教育，被改名為高山初子。國民政府來台後又改名高彩雲。她在兩次霧社事件中倖存下來，並與再婚的丈夫及兒子共同服務仁愛鄉長達數十年。在一九九六年去世以前，她接待過多位不同背景的訪問者，不厭其煩的協助後人對於霧社事件史料的建立。而她的一生，充滿戲劇性的變化。

娥賓・塔達歐一開始就讀霧社公學校，在四年級畢業時，與表妹娥賓・那威（川野花子）同時被日人編入霧社尋常小學校三年級，與日本小孩一起上學。從那天起，她多了一個日本名字——高山初子。畢業後的初子進入埔里尋常高等小學校，一年後又在日本警察的安排下休學，嫁給荷歌社族人拉奇斯・那威（花岡二郎）。表妹娥賓・那威則嫁給拉奇斯・諾敏（花岡一郎）。

霧社事件當日，當娥賓・塔達歐和表妹抵達公學校時，現場已是一片混亂。蜂起的霧社族人手持槍和長矛見到日本人即殺之。娥賓．塔達歐和表妹失散，隨著逃生的人們躲進了公學校校長新原重志的宿舍避難。起義的族人追趕而來，宿舍充斥著慘叫聲和屍體。他躲在屍體旁邊裝死，部分日本眷屬和孩童也用同樣的方法逃過一劫。過了一陣子，聽到姑媽娥賓．諾干呼叫聲的初子從屍堆中爬出，和姑媽相聚。

在趕回警察宿舍的途中，娥賓．塔達歐發現多處日人機構和官舍都被襲擊，街上到處都是武裝男子。拉奇斯．諾敏和拉奇斯．那威此時已在家中，神情肅穆。當天下午，便帶著全家回到荷歌社。此時的荷歌社呈現備戰狀態，頭目塔達歐．諾干雖然勸阻族人不要輕易與日人為敵，但面對憤怒的族人與他社族人前來要求加入的聲音，身為頭目的塔達歐．諾干最後仍決定率領壯丁投入戰鬥行動，成為霧社事件參與的六社之一。

在賽德克族的祖靈信仰中，認為祖先是從巨木中誕生的，因此當靈魂受到痛苦的折磨時，人們會選擇在巨木下上吊自殺，以期死後與祖靈相聚。深陷兩難的拉奇斯．諾敏和拉奇斯．那威家族總共二十多人，最終決定一同在山中自縊。雖然曾有巴蘭社的親友前來勸說，但仍沒改變他們的死意。拉奇斯．諾敏在割斷妻子和剛滿月兒子的動脈後，以武士刀切腹自殺。而拉奇斯．那威則在所有家人自縊後，在他們的臉上覆蓋番布，再行自縊。

由於娥賓・塔達歐懷有身孕，因此，在拉奇斯・那威的指示下，和姑媽以及瓦歷斯・庫新順著濁水溪前往在日人掌控下的巴蘭社。隨後日人組織起強大軍力，並用威脅利誘的方式徵召未參加這次事件的其他部落成立「味方番」來討伐參加事件的「兇番」。另外，針對反抗者的家屬和投降的原住民，則將之集中在羅多夫和西寶兩個收容所進行嚴密監控。娥賓・塔達歐也被困在收容所中，所幸受到日人的關照，還擁有前往診療所服務的自由。

二次霧社事件發生前晚，駐在所的安達巡查留她住宿，阻止她回到收容所。但娥賓・塔達歐對日人已心生懷疑，她婉拒其好意，執意回到族人身邊。隔日天將破曉之際，道澤群襲擊收容所，娥賓・塔達歐死命逃入山裡。兩族積怨已久，但或許道澤群是以男人為目標，婦孺大多得救，娥賓一家人也全部活了下來。

在這之後，日方將倖存的族人統一遷移到川中島。此時即將臨盆的娥賓也在隊伍中，在雨中步行與乘車交替地，花了一整天的時間跋涉到這個距離霧社四十餘公里的台地上。在此地，族人必須放棄以往的狩獵生活，開始集體農耕，建造房舍。瘧疾、對故鄉與家人的思念以及日警的祕密蒐查持續打擊著殘餘族人的精神狀態。在這樣的環境中，娥賓產下了與拉奇斯・那威的小孩，堅強地生活著。

一九三二年一月一日，在安達建治和小島源治兩位警察的撮合下，娥賓・塔達歐嫁給同樣在兩次事件中倖存下來的族人比荷・瓦歷斯（高永清）。比荷・瓦歷斯也曾就讀霧社尋常小學，並與小島源治在事件中死去的次子小島重雄是好友。因此即便小島源治曾以殘忍的手段懲治霧社族民，對於比荷・瓦歷斯卻是多有照顧，視他為義子。四年後，比荷與娥賓生下一女。比荷在苦修之下，通過乙種醫師甄試，從警察轉任公醫職務，獲得當地族人甚至日人警察的尊敬。娥賓則參加了高砂族助產婦計畫，受訓成為醫療所的助產士。兩人共同為山地偏遠山區的民眾提供醫療照顧。傷痕累累的霧社遺族，始迎接春天的到來。

二次世界大戰結束日本戰敗，國民政府來台。比荷・瓦歷斯與妻子則繼續在仁愛鄉衛生所從事山地醫療工作。後來比荷・瓦歷斯從日式姓名中山清改名高永清，和兒子高光華先後當選民選第一屆和第七屆仁愛鄉鄉長，為族人爭取福利。娥賓・塔達歐則由日式名字中山初子改名高彩雲。高彩雲一家在卸下職務後，於廬山溫泉區經營碧華莊旅館，也多次接受來自各地研究者的訪問。他們的故事帶給肅殺的霧社事件一抹人性的光輝，也讓人們能從不同角度思考霧社事件的意義與台灣原住民的未來。

第七章　仇敵還是恩人？

霧社事件中，日方、原住民方皆有無辜者犧牲，表面上是雙方結怨的一場殺戮，但細究其中，依舊可以發現散發人性芬芳的感人故事。

小島源治（一八八五～一九八三）是霧社事件中日方關鍵人物。他在台生活長達三十三年，大部分時間從事「理番」工作，在霧社地區道澤駐在所擔任巡查。值得一提的是他的哥哥同樣是番地警察，在薩拉茅事件中遭攻擊身亡。小島源治將哥哥遺骨帶回家鄉安葬後又返回「番地」服務。他懂得賽德克族語言，並和許多原住民頭目都有交情。

公學校事發後，霧社各社情勢不穩，許多對日人積怨已久的族人要求頭目響應甚至個別脫社參戰，道澤群各社也各有抗日和親日兩種意見。當時，身處道澤駐在所的小島源治被立場不明的道澤群頭目扣押，他卻利用盤旋在上空的日方巡邏機威嚇道澤群，及時控制住道澤群各社，並將之收為「味方番」，協助討伐起義的原住民。翌年四月，小島源治在接收到上級長官的密令後，唆使道澤社族人襲擊收留反抗番的「保護番收容所」，殺害共計二百一十六名保護番，取回一百零一個首級，史稱「二次霧社事件」。

小島源治身為日警，藉由「以夷制夷」的手段令同族賽德克人相互殘殺，殘忍的劊子手形象鮮明刻畫於霧社事件歷史中。事實上，小島源治在霧社事件中痛失愛子，而他也和霧社事件的荷歌社後代比荷．瓦歷斯形同義父子。因此，小島一生的際遇與抉擇，帶給後來者「對」與「錯」以外的省思。

十月二十七日當天，小島源治留在道澤社執勤，妻子小島松野與兩名幫忙家事的賽德克女子魯比．那威和嘿米莉．比荷帶著最小的三個孩子前往參觀長子正男和次子重雄學校的遊藝會，卻萬萬料不到場上竟發生屠殺的慘劇。在混亂中小島松野與三名最小的孩子走散，又親眼目睹次子重雄被砍殺。強忍著極大的痛楚，小島松野帶著大兒子正男伏地裝死，在人聲逐漸平息後，她找到十多名生還的孩子，帶著他們在學校宿舍的廁所內牆壁的夾層中躲了兩天，才終於被日人救出。另外幸運的是，她的其他三名孩子，在魯比．那威和嘿米莉．比荷的勇敢的保護下，也都存活下來。

在公學校蜂起事件中逃出的霧社群荷歌社少年比荷．瓦歷斯明白荷歌社是此次蜂起抗日的中心，於是選擇前往道澤群的親戚家暫時避難。此時霧社山中各社受到日本鎮壓和報復的影響，彼此關係十分緊張。而道澤群的頭目鐵木・瓦歷斯最後決定了親日的立場。一日，前來比荷親戚家借宿的討伐隊成員發現比荷的口音與道澤群的人不同，知道他是「反抗番」的小孩，便想將他殺掉拿去邀功。比荷要求在死前見日本巡查小島源治一面，小島源治知道他是死去的兒子重雄在小學校的好友，便下令不准殺他並將之收留。這期間比荷得知父親戰死，母親自縊身亡的消息，一時間感到孤苦無依，加上每天見到自己同胞的頭顱（日本官員對味方番採用論頭顱行賞的政策）與日人在戰爭中殘忍的行徑，身體狀況大幅惡化，好在小島源治夫婦對他多有照顧，才得以活下來。

二次霧社事件之後，日方將倖存的霧社遺族遷移到川中島上集中監控，初期日警仍祕密調查和懲處危機分子，但這批歷經劫難飽受創傷的人們仍逐漸建立起新的生活。父母雙亡的比荷也被送往川中島，他的聰明努力受到小島源治和安達建治兩位警察的欣賞，於是在兩人的推薦之下，他得以出任川中島駐在所的警手職位。隔年初，更在兩位警察的撮合下，和花崗二郎（本名拉奇斯・那威）的遺孀花崗初子（本名娥賓・塔達歐，與比荷結婚後改名中山初子）結婚，建立家庭。比荷和娥賓在婚後產下一女依凡・比荷（漢名高杏香），加上與花崗二郎所生的阿威・拉奇斯（花崗初男，漢名高光華），一家共四人。

比荷是非常上進的年輕人，他在小島源治和安達建治的鼓勵下利用公務和農務之餘用功讀書，多次參與巡查和普通文官考試，但因受限於身分都未能通過。在看到許多族人因瘧疾而死亡後，於是興起了習醫的念頭。他向上級請求希望能夠從事醫療保健工作，到公醫醫院見習，還前往台灣帝大醫學部參加講習，接受熱帶疾病專家的指導。一九四一年他被聘任為乙種巡查，從事部落醫療保健工作，隔年更考取公醫資格，成為一名「限地醫」，就連日人也對他另眼相待。這對當時的原住民來說是很不容易的。

歷史知識家

乙種醫師甄試為日治時期為解決偏遠地區醫療人員不足的問題，而舉行的資格考試。考試通過者，可在山上部落或鄉下從事醫療服務，是為「限地醫」。

小島源治在二次霧社事件後受到行政處分，失去巡查部長的職位，調到彰化水利公會擔任監視員。並在二次世界大戰日本戰敗後返回離開了三十多年的日本。而在國民政府抵台後改名高永清的比荷，則是和妻子（改名高彩雲）繼續從事山區醫療保健的工作。南投縣仁愛鄉有許多人都是經由他們兩人接生，許多生命更是被他們救回。一九五一年高永清被選為第一任民選仁愛鄉鄉長，繼續為民服務。民國六十八年政府開放觀光後，高永清、高彩雲夫婦前往日本探視小島源治，歷經四十年後的三人會面留下了格外有意義的合照。

也許是對死去愛子的親情投射，讓小島源治這個二次霧社事件的策動者，在對起事原住民進行殘忍報復的同時，對身為反抗番之子的比荷卻是照顧有加。而對比荷來說，救了自己一命又給予照顧栽培的小島夫婦則宛如再生父母。在這兩人之間的，是撇開歷史的是非曲直，直見人性的情分。

第二次霧社事件後，前往川中島擔任至眉原公醫診療所的醫生井上伊之助，為原住民服務三十餘年，被認為是犧牲奉獻的聖者。其實井上的父親彌之助曾至台灣擔任製作樟腦的工作，但在一九一四年的太魯閣事件中遇害。其子伊之助得知此事，卻升起「以德報怨」之心，精研醫術，來台為原住民服務。

霧社事件中，巴蘭社頭目瓦歷斯・姆尼曾帶領十餘名壯丁至公學校運動場救助日本人，因此被視作為背叛族人的「味方番」。或許可以說瓦歷斯．姆尼的行為是預測到原住民反抗日本行動的必敗，為了保衛族人所採取的先見措施。然而，日人小島源治家中兩名道澤群的褓母，則是想都沒想就守護兩名日本小孩的生命到底。此舉無關種族，原住民褓母不是因為親日，而是出於自然的母性保護。由此可見在不同種族難以理解、包容他族文化的年代，儘管多有衝突，依舊存在不被外在差異影響，一心救助「人」的偉大人格。

歷史知識家

小島源治的幼子小島義夫，戰後於一九八四年來到台灣，當時他已經五十九歲了。此趟行程他是特別到霧社尋找當年救助他和兩位弟弟的道澤群「少女」魯比．那威以及嘿米莉．比荷。距離霧社事件已經五十四年，嘿米莉．比荷女士早已過世，而當年的「少女」魯比．那威（漢名陳阮秀鳳）女士已經七十二歲，居住在南投縣仁愛鄉春陽村。小島義夫帶著連同兩個弟弟的心意，真誠地送給當年恩人一個大紅包，以及精緻的布料與陽傘，表達半個世紀以來的感謝。

第八章　大和解

二〇〇六年，南投縣仁愛鄉公所串連散居在七個村（互助、南豐、大同、親愛、春陽、精英、合作）的賽德克族人，在精英村平靜國小舉辦「賽德克族傳統民俗文化活動」。會上由社群長老以傳統祭典「埋石立約」的方式進行歷史大和解。將石頭埋進土地內後，代表各部落間不追究過去恩怨，今後將共同推進正名運動（二〇〇八年即獲得官方認可）。這是一九三〇年霧社事件後第一次恢復舉行的聯合祭儀，意義非凡。

霧社事件已超過八十年，歷經數十個寒暑，當年見證者一一凋零，但事件本身的研究則持續被關注。從早期日本人的研究，到戰後漢人的研究，現在已出現部落文史研究者的聲音與觀點，甚至賽德克族內亦有不同族群對於此事件的觀點。因此，對霧社事件的立場闡釋，可以說從日本本位主義，歷經大中華主義，進展到原住民自身的立場。現今舉辦的研討會，主講者都是以事件起義者的賽德克人為主，其他對霧社事件專家學者為輔，充分地尊重以原住民為主體的歷史觀點。現今的研究成果除了正規的歷史專論，亦不乏小說、報導文學、紀錄片、漫畫、音樂、電影等形式，實可謂百花齊放，受人矚目。

今日對霧社事件的回顧，除了重視受害者德克達雅族群的聲音，或許更要重視周圍其他族群原住民的聲音。例如以道澤群的觀點來看，便認為霧社事件並不是只紀念莫那・魯道，應該是紀念所有被捲入這場事件的人以及所有族群，而和解也絕不只是賽德克族之間的和解，而是所有族群之間都要進行和解。著名的地理學家牧口常三郎曾說：「二十一世紀應是人道競爭的時代。」因此，在我們回首反省霧社事件的傷害時，更應擴大去思索所有被強勢者欺壓的弱勢群體，以及自己是否正站在強勢的一方，無意識地貶抑其他弱勢族群。

我們記憶歷史，不是為了記憶仇恨；而是為了記憶群體的過去，記憶失足的教訓。在霧社事件的殺戮與悲痛外，仍有站在人道立場上堅強捍衛尊嚴的感人故事。不論是在戰爭中無視種族差異只管救人的魯比・那威，還是為了族人勇敢活下來並終身服務部落的娥賓・塔達歐，都讓我們看到以男性為主的戰爭歷史外，女性偉大的力量。

今日的霧社事件遺族，懷抱知足感恩的心，在一方天地中悠然生活著，他們在認知歷史的同時，選擇放下仇恨，樂觀向未來邁進。而現今為維持部落的主體性，出現了設置「原住民自治區」的聲音，這是政府應重視的關鍵問題。在世界仍深陷於族群問題引發的仇視與戰爭中，經歷過最悲慘命運的霧社原住民，卻擁有最寬容與感恩的心，願意將自己的歷史意涵、文化精神的財產，分享成為台灣人共有的資產，這是賽德克族的驕傲與尊榮，輝耀祖靈的精神力量。

歷史知識家

二〇一〇舉辦的「川中島・清流部落的記憶——霧社事件八十周年紀念座談會」，出席了許多歷史學家與部落領導人。會談中，一致認為在事件當時與其後，賽德克族人曾被分為所謂反日、親日，這是當時歷史條件所造成。只要我們去體會歷史事件的情境，人與人之間，族群與族群沒有不能和解的。「和解」是時代的潮流與共識，唯有如此，人類才能持續向「真正的文明」前進，成為一個「真正的人」。

第四部

賽德克蹤跡探訪

第一章　霧社今在何方？

霧社海拔一千一百四十八公尺，位於今天台灣的南投縣仁愛鄉大同村，為仁愛鄉鄉治，且是台十四線及台十四甲線分歧處。當地因櫻花盛開，有「櫻都」之稱。此地在日治時代隸屬台中州能高郡番地，「番地」中部由濁水溪支流塔羅灣溪、馬赫坡溪，以及眉溪流經的一帶，即是霧社。

台中州是日治時期至戰後初期的行政區劃之一，一九二〇年合併原台中廳與南投廳而成，轄域包含今台中市、彰化縣、南投縣，一九四五年大部改制為台中縣，二〇一〇年底與台中市合併升格為大台中市。

能高郡範圍約包含今南投縣埔里鎮（當時稱埔里街）、國姓鄉（當時稱國姓庄）、仁愛鄉（當時稱番地）。郡役所設於埔里街。該郡因為東緣有海拔三千多公尺的能高山，故稱能高郡。一九〇〇年代之後，該郡為台灣總督府於中部的原住民統治中心，能高郡警察課在全郡設有十八個警察駐在所，並在其所設有番童教育所等機關。

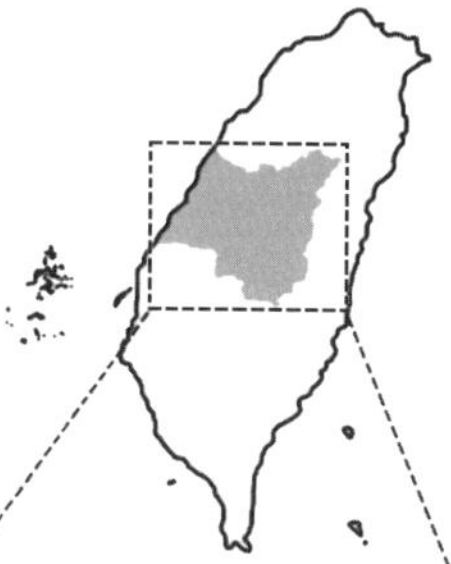

圖十八　日治時期的台中州

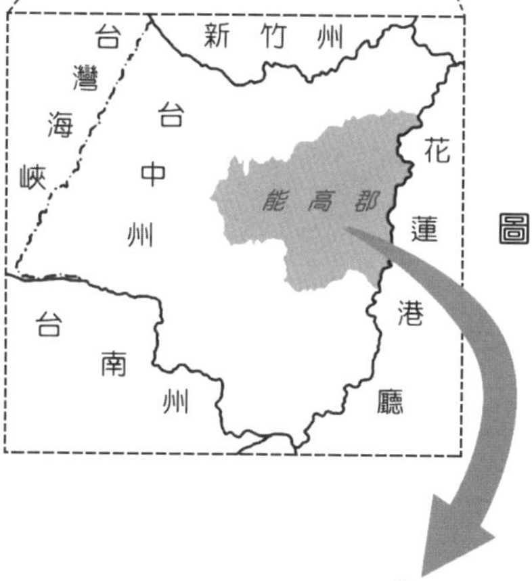

圖十九　台中州與能高郡

圖二十　能高郡與番地、霧社

圖二十一　番地及霧社事件起事六社

番地則是今天的南投縣仁愛鄉，位於南投縣東部中央山脈之上，地勢高峻陡峭，境內居民以泰雅族、賽德克族、布農族為主。一九四六年四月一日此地改稱仁愛鄉，隸屬於台中縣能高區。國民政府遷台後，一九五〇年十月，仁愛鄉改隸南投縣。而隨著政府軍隊從泰緬邊境遷入的外省移民，則在仁愛鄉清境地區建立眷村，引入雲南擺夷文化，進而與原住民文化揉和成為獨特的文化景貌。今天的霧社已成為一個旅遊景點，被稱為「霧社風景區」。

第二章　霧社史蹟景點介紹

仁愛鄉位於南投縣東北方，該鄉內的東南方與北方有高山屏障，地勢由東向西遞減。四周地況如下：東接花蓮能高山，西與埔里鎮相銜，南臨信義鄉，北與合歡山相接，並與台中市太平區接壤。仁愛鄉面積達一千二百七十三餘平方公里（約莫台北市的四．七倍大），境內山明水秀、風景優美、名勝古蹟遍布。霧社事件所在地、遺族居住地、昔日戰場、紀念碑等，現已成為該鄉著名景點。此外，境內多泰雅族、賽德克族、布農族等原住民部落，可作為了解原住民文化的民族學教室。

清流部落（alang Gluban）

霧社事件後，賽德克遺族被集體遷往「川中島」。此處因北港溪和眉原溪在旁，台地中央處有一條族人們稱為「阿比斯溪」的小溪貫穿，此三條溪流包圍住台地，故被日人稱為「川中島」。國民政府遷台後，將此地改稱清流部落，族人自稱Alan-Gluban，在

照片一　進入川中島的橋梁

賽德克族受到社會矚目之際，部落對外的交通要道也逐步翻新。紅色的大橋取代了原來的小道。

賽德克語中，Alan為「部落」之意；Gluban之意為「中途休息的地方」。此地西接國姓鄉北港村梅林社區，東南有北港溪環繞，後方有眉原溪，北方有眉原山。

清流部落是全台灣原鄉山地保留地第一個完成辦理農地重劃之區域，境內風景優美，民風純樸，被稱為「世外桃源」。每年五月六日是川中島遷村紀念日，十月二十七日則會舉辦霧社事件抗暴紀念日，都會邀請遷村之初相助糧種的眉原部落耆老參加開幕式，以示謝意。

照片二　牌樓

過橋後首度映入眼簾。概述清流部落遷移歷史的標誌，此地不是德克達雅群六社的家鄉，卻是其後裔長居的村莊。

照片三　川中島．清流部落標示

進入村莊之前的標示文字，除了記錄歷史的變遷（川中島➡清流部落），亦點名現今部落的產業轉型——向著文化、休閒的原鄉聚落發展。

照片四　稻作風光

因水質佳、土壤沃，適合發展稻作。清流部落的米遠近馳名。

照片五　活動中心與廣場

太平洋戰爭時期的「高砂義勇隊」出發前，便是集合在部落的廣場上。九二一大地震災後重建的活動中心，內有社區協會辦公室、托兒所、老人會館等。

照片六　村內小徑

幽靜的部落內，洋溢著安閒的氣息。小道林蔭，訴說族人與世無爭的生活。

餘生紀念館

餘生紀念館位於清流部落內。原址為日治時期的川中島神社。當時日本人極力壓抑族人信仰，命其參拜日本神社，認同日本為建設大東亞文化圈的侵略主義，因此川中島神社成為居民常聚集之所。國民政府遷台後，廢除「川中島社」神祠。一九五〇年，荷歌社後裔、也是仁愛鄉鄉長的比荷·瓦歷斯（高永清）為感念先人偉業，紀念餘生者在此地華路藍縷、刻苦耐勞建立家園之事蹟，於神社原址興建「餘生紀念碑」。九二一大地震後，仁愛鄉公所利用重建經費，在紀念碑旁建立「餘生紀念館」，館中使用文字及圖片介紹霧社事件的始末。

照片七　餘生紀念碑

此即日治時代川中島神社舊址。一九五〇年建立的餘生紀念碑在九二一地震中倒塌，現今的紀念碑為災後重建。但日期仍押民國三十九年。

照片八　餘生紀念館

在社區發展協會努力下，霧社事件文史工作者共同完成內部導覽解說牌。現今採預約參觀制，為清流部落深度旅遊的重要導覽據點。

照片九　人止關標示處

省道十四號大觀橋與仁愛橋折彎處，在大觀橋旁立有「人止關」標示，此處車多行快，僅能短暫停留。

照片十　人止關峭壁

此地山岩陡峭，是昔日原住民居高臨下的防守要塞。

人止關

人止關位於東眼山與關頭山之間，為中央山脈地質帶與雪山山脈地質帶分隔的重要地層線。此處附近的山區一直是原住民的居住、狩獵地。漢人來台後，越界進入山區開墾，常與原住民發生衝突。故清朝政府在此設立「人止關」，意指漢人之活動範圍不可超越這條界線，而侵犯到原住民的區域。一九〇二年，日軍為將統治權推進至霧社山區而發動「人止關之役」，霧社群因占高地之優勢，日軍損失慘重。

照片十一　莫那魯道之墓

莫那．魯道在威權時代受到國民政府的表彰，入祀台北圓山忠烈祠。成為抗日英雄的台灣原住民壯烈犧牲代表！

莫那魯道紀念公園

霧社事件後，在日人武力鎮壓下，馬赫坡社頭目莫那．魯道被局勢逼迫，在中央山脈深山的山洞內自縊。三年後，遺骸才被發現，日人並未將其妥善安葬，而是送至台北帝國大學作為學術標本。

一九五三年，國民政府在霧社街道南邊挖防空壕時發現骸骨，經考證得知為抗日的原住民族人，故該年於骸骨發現處建立「山胞抗日起義紀念碑」。

一九七三年，在族人及長老的要求下，省政府將在台灣大學考古學系

照片十二　碧血英風牌樓

此為公園入口，園內綠意盎然、林木蓊鬱。中央大字「碧血英風」，另一側則提「義膽忠肝」四字，用意在建立威權時代的抗日愛國形象。

照片十三　山胞抗日起義紀念碑

一九五三年因挖掘到抗日原住民骨骸，因而建立此碑。

照片十四　莫那魯道紀念公園一隅
園內老樹成蔭，綠野怡人，冬末還有盛開的櫻花妝點美景。

的莫那・魯道骨骸歸還遺族，並遷至霧社的「山胞抗日起義紀念碑」旁下葬。而後於此設立紀念公園，紀念霧社事件這段歷史。莫那魯道紀念園位於車速急馳的路旁，冬末春初時花海燦爛，成為前往合歡山路途中人群聚集的旅遊景點。

春陽部落（alang Sunwil）

此地現為賽德克族道澤群的居住地。日治時代，道澤群族人一直面臨生活空間與耕作地日漸狹隘的問題。霧社事件後，原居此地的德克達雅族人被迫遷至川中島，日人便將此地賜給道澤群。約有一半道澤族人自願遷移至此，一九三一年至

照片十五　春陽部落遠眺

從民宿「山居湖畔」遠眺春陽，群山環繞。現為賽德克族道澤群所居。

照片十六　碧湖

鄰近春陽部落的碧湖（萬大水庫），匯聚中央山脈水源，為調整日月潭水量所建之水庫。惜哉數度風災淤積後，水源乾竭，常見裸露河床。

圖二十二　史蹟景點簡圖

一九三三年分批遷入。當前生活於春陽部落的道澤群人口，全村共有三百多戶，人數計有一千二百餘人。由於此處遍植野山櫻，部落居民承襲日名「櫻社」，稱為「Alan Sunwil」；又因風景優美，有如在山林中的春日暖陽，因此又稱「春陽部落」。

第三章　歷史之旅與人文關懷

霧社事件在你我心中，占有什麼樣的地位？對一個漢族的人來說，在威權時代，霧社事件是沾原住民風采的光榮抗日史實，當政府不再刻意炒作時，它又可能變成一個歷史專有名詞；但對原住民——尤其是賽德克族來說，可是關乎族群興亡的大事件。由於「賽德克巴萊」風潮，霧社事件被重新拉引到每一個台灣人眼前。如今，我們將如何重新檢視這段歷史？而對這段史實的認識，又將如何引領我們往後的歷史觀感與行動？

小編有幸親訪清流部落、霧社地區，見到川中島的賽德克族德克達雅群後裔，以及現居春陽部落的賽德克族道澤群後裔。訪談中，深深傾心於其直率的性情、寬闊的胸襟與澹泊的生活模式。在人心複雜的工商業社會，罕見如此清爽暢快的會談，當中，除了第一線接觸到原住民的歷史，也思索了熱門話題對原住民一般生活的衝擊。有此際遇，甚深感謝，期盼透過傳媒的力量，讓所有人一同成為賢明的深度旅遊家與人文關懷者。

清流部落的聲音

採訪編輯：張欣宇、吳良容

車行台十四線，一路蜿蜒上山，途中轉了幾個方向不明的彎，行駛至路窮處，猛見泰雅渡假村巍峨大門！回返復行北原路，在地圖指引下總算尋得清流部落。「清流部落」舊稱川中島，乃因北港溪、眉原溪、阿比斯溪三條溪流包圍而得名。賽德克族人稱此地為Alan-Gluban，而國民政府來台之後，看見北港溪清澈的溪流，改稱為「清流部落」。拐彎駛過了橋，「川中島」三個大字赫赫出現眼前，鑲在深淺藍相間的條紋上，在藍天下更顯得輝耀。

群山環繞的部落街道，幽遠潔淨。假日的晨間十點，靜謐的村落宛如未甦醒般，明朗的豔陽卻傳來夏天的訊息。抵達清流部落社區發展協會理事長邱宏水宅邸，理事長已久候多時。原來因為聯絡上的誤失，令理事長一早便在廣場空等。萬分抱歉之際，理事長娓娓道來族人承繼日治時期的生活習慣，十分守時，對今日社會缺乏時間觀念，頗無法適應。時下台灣社會對日治時期留下的習慣已逐漸淡失，沒想到僻居山間的世外桃源，依舊質樸地守著昔日美好的生活風俗。

接待我們的除了邱理事長，還有北港國小梁文禮主任，他們都是從霧社遷居此地的德克達雅六社後裔菁英。邱理事長隨即展現原住民的爽朗與豁達，邀我們入座會談。遷移至川中島後，邱理事長的姐姐為馬紅・莫那（莫那・魯道之女）所領養，因此邱理事長這一代，可說是霧社事件起義者的姪孫輩。由於從小在清流部落生長，邱理事長嫻熟族內的傳說與歷史。小編雖於事前做足功課，已閱讀諸多霧社事件相關資料，仍從理事長口中得知無比生動的族人記憶故事。

小編向兩人說明，霧社事件的研究者早先是日本人，後為漢人，近年才逐漸回到賽德克人手中，故此次拜訪是希望能傾聽霧社事件當事人賽德克族的見解。邱理事長提到，精確來說，賽德克族包含花蓮的太魯閣族（可稱其為東賽德克人），而霧社事件應是西賽德克族人所發起。花蓮的賽德克族也曾受到日本人壓迫（太魯閣事件），但規模不及一九三〇年的霧社事件，因此現今花蓮賽德克人的人數比較多，是一定的。他們雖然爭取了獨立，但其實就種族本身，都屬於賽德克族。

邱理事長又說，事件至今已八十餘年，受到極大迫害的六社後裔安居在清流部落，心中也沒有什麼恨了。也能體諒當初未加入戰鬥的德克達雅群其他部落，事實上，當初在姊妹原事件中，他們幾社的壯丁有一百多人被殺掉，所以先人起事時，他們並沒有能力參與。但不論過去是非為何，二〇一〇年已在仁愛國中舉辦和解式，未來賽德克族人將攜手朝向更宏遠的發展前行。

問及至今在清流的族人還有如當年般區分為六個社群嗎？梁主任說至今清流已經成為一個社區，不再如當初有各社之分。邱理事長也提到，過去原住民都是以家族群居，幾個家族住在一個地方，便成為一個部落，於是，便以地域性的名稱作為部落之名。例如馬赫坡社，即是住在馬赫坡這個地方的部落總稱。

對於鄰近的眉原部落，清流原住民也深深感念其恩德。遷村之初，眉原人帶著糧食、種子前來造訪，讓六社遺族獲得糧食並得以發展農業。邱理事長感恩地談道，目前部落內每年舉辦追思祭典，皆會邀請眉原部落前來參加。而賽德克族的文化也透過許多文史工作者、族人的努力而得以保存。他懷著感恩的心，眼見部落內新一代人才輩出，甚感欣慰。

對於「霧社事件」被搬上大銀幕的後續風波，梁文禮主任則甚感憂心。政府及各方人士雖竭力要推動仁愛鄉觀光業，但配套措施——如垃圾的清理、避免侵擾部落人民生活，

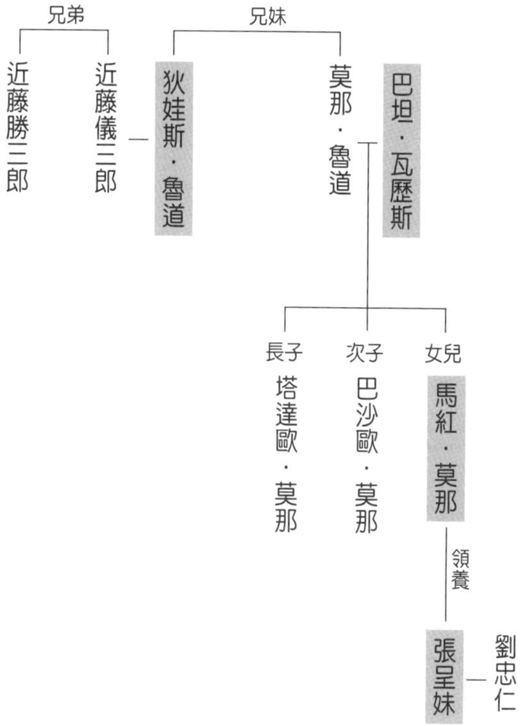

圖二十三　馬赫坡社家系表

並未見完善的規劃。梁主任一方面欣喜世人對賽德克文化有更深一層理解，另一方面又不願故鄉淪為吵雜、垃圾滿地的觀光勝地。如近日過多的造訪人潮，已讓他們不堪負荷。賽德克人是好客的民族，但實在不敵媒體旋風狂掃下，難以招架的人海。

聆聽兩人對過去的霧社事件、現今的賽德克族以及未來的部落發展等想法，頗多感觸。我們彷彿回到多年

照片十七　邱宏水理事長說明Gaya精神

前的戰場，在一個又一個的小故事中，重新拼湊出一個更具血肉的霧社事件。又在賽德克族人的感恩與前瞻眼光中，學習到令人尊敬的Gaya精神。最後，針對可能產生的觀光效應，小編以為，竭力提升台灣人的旅遊品格，是現今相當重要的課題。沒有人會在自家亂丟垃圾，也沒有人希望家中成為人潮洶湧的觀光景點，應抱持理解與著想之心，維護景點永遠之美，並事先預約、規劃行程，以示對當地住民的尊重。

會後，邱理事長特地帶我們參觀餘生紀念館，館內有文化建設委員會製作的一系列展板。依著照片和文字，理事長向我們概略介紹霧社事件始末，描繪出歷史樣貌。在展板上看到邱理事長母親的照片，清麗顰蹙的面容，訴說當代的無奈。邱理事長提到，當年的川中島布滿警察，每個人的一舉一動都受到監視。沒有自由行動的權力，是那個悲傷時代的記憶。理事長還為我們解釋告祖文的意義，再一次聲明Gaya的精神對族人的影響。日本人雖曾經破壞祖訓，但這些後代子孫仍堅持傳承，直到今天。

匆匆參觀完多達數十片的展板，理事長自謙非文史工作者，認知有限，但其對歷史的說明與理解已讓小編嘆為觀止，而一路相陪的盛情更令我們感動不已。清流部落族人作為霧社事件的歷史見證，有幸參訪此地，面見德克達雅族人後裔，甚感不虛此行，盼能為社會注入更多人文素養，以表達文字工作者對部落族人的感念。

山居湖畔的畫家——美卡．瓦歷斯

採訪編輯：張欣宇、吳良容

從霧社出發，往清靜農場方向，在埔霧公路七十八公里處，與民宿咖啡館「山居湖畔」邂逅。滑下一段距離不短的陡坡，右手邊是山壁，左方則是懸崖，直接下探春陽部落的山谷。在山邊眺望峽谷，心情兩造，一方面震懾於山林之美，一方面驚心於高下落差，恐失足落底。

經過庭院自製的鞦韆架，迎接我們的是樸實的木造房屋。這就是景觀民宿咖啡館——山居湖畔。主人是畢業於師大國文系的退休教師，也是著名的賽德克族畫家——美卡．瓦歷斯。美卡老師戴著粗框眼鏡，時而撥動微覆顏面的頭髮，為人十分風趣。甫一見面，便佯裝嚴肅地對呈上豬肉乾的我們說：「古代學生送『束脩』，是要行跪拜禮的。」待小編們略顯都市佬的驚惶失措，他立即回復原住民的好客姿態，咧嘴一笑請我們坐下。

大廳內掛滿師母用碎花拼成的作品。題材有賽德克族人的織布、吹笛畫面，亦有山間美景、細緻靜物的拼繪。早聞美卡老師是一位畫家，廳內所見卻大多是妻子的創作，足見

照片十八　賽德克族畫家美卡・瓦歷斯

賽德克人對女性的尊重。來到美卡老師的畫室，小編抓了張椅子坐下，環顧四周，有成排的油畫作品、各類書籍，還有雕塑人像、書法揮毫，美卡老師向我們展示了歷史照片，以及父親的獵刀。「偶爾，我還是會上山打獵的啊！」

話鋒一轉，小編詢問在一九四六年政府公布《修正台灣省人民回復原有姓名辦法》後，原住民被迫改從漢姓，而決定姓什麼的原則為何？

身為賽德克人道澤群後裔的美卡老師，漢名為孫明德。頑皮地一眨眼，他正襟危坐地說道：「那時我們的祖先比賽飛鏢，射中哪個姓就姓什麼，因為孫和國父同姓，是轉盤最中間高級的姓。先人技術高超射中了孫，我們便姓孫。」由於威權時代沒有什麼誇張的事不存在，小編信以為真，咀嚼涵義間，美卡老師又笑說：「剛剛我是開玩笑的。」

原來，當時決定姓氏的方式很多，有的是由戶政事務所發送名條，規定這一區的人姓什麼，那一區的人姓什麼；也有依照先來後到的登記順序分配姓氏；或者在登記處將百家姓攤開，讓原住民自己選。由於原住民不懂漢字，故親屬間可能分配（選）到不同姓氏而不自知，導致往後屢生亂倫悲劇。一九八五年，便有十二名原住民在霧社抗日紀念碑前靜坐，要求恢復原有姓氏。直到一九九五年，政府修正《姓名條例》與《姓名條例施行細則》，才規定台灣原住民命名不再強制使用漢姓。

然而，早年原住民受到歧視之事自不待言。美卡老師也戲言大學時期參加美術競賽時，無論如何總是勇奪「第二名」。或許除了漢原民族間的糾葛情結，還有系所本身的尊嚴問題吧！但憑藉著實力與毅力，他回到家鄉執掌教職時，仍是受到學生信賴的國文與美術老師。

美卡老師又對我們說，傳統的祖訓Gaya對其族人的重要性。在族人口耳相傳的故事中，曾經有一個其他部落的頭目，在造訪道澤群某部落時，觸摸頭目女兒的臀部，遭族人痛打一頓。在賽德克族中，男女間的分野相當嚴格，婚前非常保守，絕不能有逾矩之事發生，婚後彼此也謹守對方是唯一的伴侶。因此，當年日本人對賽德克女子的不敬與始亂終棄，理所當然點燃族內莫大的憤怒之火。

他也坦言，破壞Gaya絕對會受到懲罰。根據族內其中一個傳說，過去在白石山的牡丹岩旁，曾有三個勇士結拜為兄弟，誓言要共同扶持，若違背誓言將受到詛咒。三個勇士的後代便繁衍為德克達雅、道澤、土魯閣三個族群。日治時代，在日本人有心操控下，三族間竟彼此殺戮，導致後代至今沒有偉人出現。小編認為，偉人定義個人有別，但相信在族人的努力下，未來定是人才輩出。美卡老師不說，曾飾演《賽德克巴萊》五分鐘短片主角彼得洛．烏嘎，便是保存傳統音樂優秀的花蓮賽德克人。還有台灣第一位原住民法學博士蔡志偉（其曾祖父與莫那．魯道是堂兄弟），也是出自賽德克族。

夕陽西下，轉眼間已經到了傍晚，落日餘暉靜悄悄地灑在笑語歡談間。微暗的天色敦促我們該收拾行囊上路了。斂衽起身，徵求主人同意後隨意參觀民宿、眺望遠景、欣賞先人相片。仰望由美卡老師一點一滴、自行蓋建的民宿、畫室、造景，不禁為其充實豐富的人生心折。此番短暫的會面，收穫豐碩，能夠從文獻外獲得原住民族的史觀，受其文化洗禮，甚為感恩，特此鳴謝。

編者小語

此次史蹟尋訪的同時，與賽德克兩個不同族群的長輩會面，對小編實有非凡意義。現居川中島的清流部落居民，是發起霧社事件的賽德克人德克達雅群六社後裔；而在春陽部落的賽德克人，則是在一九三〇年代被日人引導遷居至此的道澤群後裔。雙方雖曾在早期爭奪獵地，以及帝國主義的操縱下結怨，但都是堅守Gaya祖訓的賽德克人。

一般認為，道澤群在霧社事件後，受到日本人的利用，作為親日的「味方番」發動第二次霧社事件。然而道澤群後裔林文德的碩士論文中卻提到：將賽德克三族群的親日、抗日，截然斷定為道澤群親日，德克達雅群六社抗日，乃是由於日方文獻的誤導。事實上，賽德克人向是以部落作為行動單位，由部落頭目的意見來決定該部落跳離或加入襲擊的組織。即使日方組織的「親日番」陣營中，亦會有人偷偷參與獵取日人頭顱的行動。因此，所謂的「道澤群」並不是一個由總頭目號令全體部落的單位組織，而是日人透過遊說（欺騙），逐一將其連結起來，換句話說，居間操控的「總頭目」，除日本人之外無他。總之，日本人刻意以德克達雅、道澤、土魯閣三族群進行編組，進而分組動員，而當時各部落的賽德克人或許並無這種族群觀念。

若林文德的論點成立，道澤群根本不需背負親日的沉重汙名，也不必每談及霧社事件便籠罩在相殘同族的陰影下。小編在與美卡老師聊天過程中，其開闊的心胸、坦然面對歷史的自在氛圍，讓我們更深一層認知到林文德的有力論點。因此，小編無意深究誰對誰錯的歷史迷霧，重要的其實是共同面對未來的對話機制。如同歷史學家甘懷真所言：「賽德克族人之所以分為所謂反日、親日等，是當時的歷史條件所造成。所謂反日、親日部落的區別是特定歷史脈絡下的結果，不是人群的本質。……整個族群要往前走。只要我們去體會歷史事件的情境，人與人之間，族群與族群沒有不能和解的。」

不論是在清流部落與邱宏水理事長、梁文禮主任的邂逅，或是在山居湖畔與美卡老師展開對話的「一堂討論課」，都讓小編的視野更加開闊。深深體會在第三十六屆「SGI日」紀念建言中，池田大作所提到的：「透過人的直接交流，能產生出新鮮的驚訝，有形的反應和實際的滿足。……只有透過『語言』和『對話』，人才能真正成為人。」

《國際地球憲章》第十二條提到：「承認原住民在自身精神、知識、土地、資源，以及永續生計相關之行為的權力。」包括霧社事件的歷史上諸多戰爭，都是對原住民的侵奪所致。世界有識之士擬定的《國際地球憲章》，則引導人類要守護原住民的各項有形、無形之財富，如此的見識堪為未來潮流。因此，身為國際人的台灣所有住民，應謙虛地向原住民學習與大自然共生的智慧，以及其對歷史開放性的心胸，共同將族群對立的狹隘視野，提升為追求更高層文明的攜手並進。

歷史知識家

* SGI（Soka Gakkai International，國際創價學會）之日即國際創價學會創立紀念日（一月二十六日），每年的這一天，會長池田大作都會向聯合國提出和平建言。
* 《國際地球憲章》第十二條原文如下：
  Affirm the right of indigenous peoples to their spirituality, knowledge, lands and resources and to their related practice of sustainable livelihoods.

附錄

霧社外傳

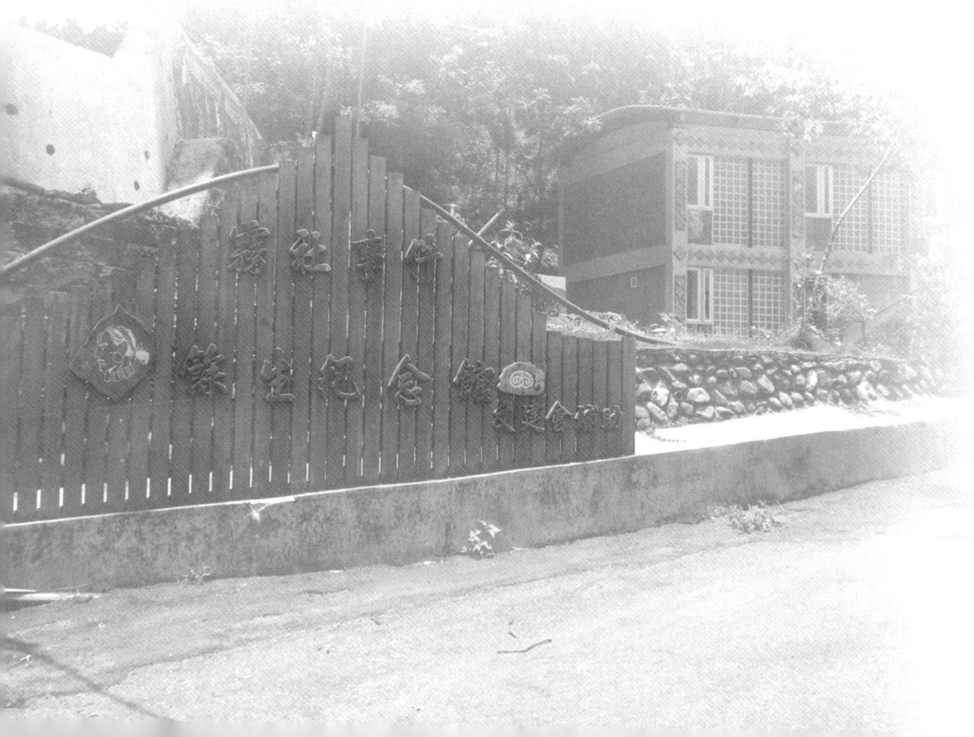

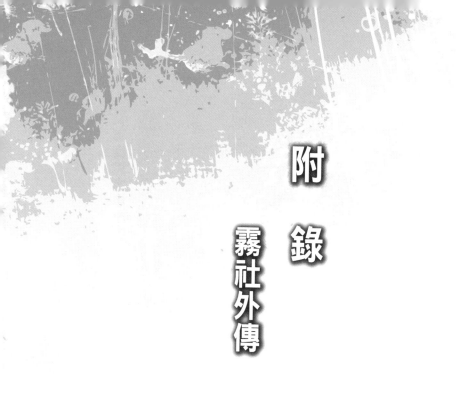

賽德克大事紀

西元	事件
一八九六	（花蓮太魯閣）新城事件。
一八九七	深堀大尉事件；生計大封鎖。
一九〇二	人止關之役。
一九〇三	姊妹原事件。
一九〇五	日人占領霧社，強迫諸社舉行第一次「和解式」。
一九〇六	（花蓮太魯閣）威里事件。
一九〇八	日人建立霧社駐在所。
一九一〇	賽德克人襲擊腦寮日人駐警事件。
一九一一	三月，建立馬赫坡駐在所。
一九一三	九月，南投廳全面禁止文面。
一九一四	日軍大規模進攻東賽德克人之太魯閣事件。
一九二〇	九月一日，設置能高郡。 九月二十日，發生「薩拉茅事件」，霧社地區各族群被動員參加「討伐」。

西元	事件
一九三〇	四月，建立馬赫坡鐵線橋。 七月，改建霧社小學校寄宿舍。 十月七日，馬赫坡社婚禮敬酒風波。 十月二十七日，霧社公學校舉辦慶典，以莫那·魯道為首的賽德克族六社起事。
一九三一	四月二十五日，第二次霧社事件。 五月六日，日人強制將起事六社餘生者移居川中島。 十月十五日，歸順儀式。
一九三三	八月，發現莫那·魯道屍體。
一九四〇	巴蘭及塔卡南、卡奇克等三社，被遷至今中原部落。
一九五〇	比荷·瓦歷斯（高永清）為仁愛鄉長時，拆毀日治時期神社，建立餘生紀念碑。
一九五三	建立山胞抗日起義紀念碑。
一九六五	拍攝電影「霧社風雲」。
一九七〇	中華民國內政部頒布褒獎狀，褒揚莫那·魯道的「起義抗敵」，並尊稱莫那·魯道為「張老」（因莫那·魯道之漢姓為「張」）。

西元	事件
一九七三	將莫那・魯道自台大醫學院迎回廬山安葬。
一九八五	原住民靜坐抗議，要求恢復原有姓氏。
一九九〇	原住民舉行「抗暴遊行」，要求日本負起責任，協助原住民將國民政府承襲之土地歸還原住民。
一九九五	建立莫那・魯道塑像、霧社原住民抗日塑像。
一九九七	霧社事件編入「認識台灣」國中歷史教科書。
二〇〇〇	九二一地震後重建餘生紀念碑。
二〇〇三	魏德聖試拍《賽德克・巴萊》五分鐘前導片。
二〇〇四	太魯閣族成為台灣原住民第十二族。
二〇〇五	閃靈樂團發行「賽德克・巴萊」音樂專輯。
二〇〇六	四月七日，提出「賽德克族」正名活動。
二〇〇八	賽德克族成為台灣原住民第十四族。
二〇一一	電影《賽德克巴萊》上映。
二〇三〇	霧社事件一〇〇周年。

霧社事件風雲錄

莫那・魯道（一八八二～一九三〇）

賽德克族馬赫坡社頭目，個性凶悍、豪爽大方，喜愛結交朋友，為霧社一帶原住民的精神領袖。領導族人發起霧社事件，歷經女兒被抓、兒子戰死仍堅持對抗，直到窮途末路之時，決定親手殺了自己的家人，並且隱沒深山中自裁，享年四十八歲。事件發生多年後，屍骸才被發現。

塔達歐・莫那（～一九三〇）

莫那・魯道長子，精於狩獵，勇敢能戰。為霧社事件中攻擊霧社公學校的領導者。事件後期，領導族人與日本人展開迂迴深山游擊戰，日人曾脅迫其妹馬紅・莫那攜酒進入內山岩窟招降，塔達歐・莫那則舉行「最後酒宴」後，兄妹擁別，隨即與其他四名勇士，奔向馬赫坡內山上吊自縊。

巴沙歐・莫那（～一九三〇）

莫那・魯道次子，傳承其父驃悍勇猛性格。霧社事件中，與其兄率領的青年組一百多人攻入公學校。日人集中火力反攻時，巴沙歐奮戰殺敵，在敵陣裡擊倒一個日軍，正要獵下首級時，未死去的日軍向其下顎開槍。巴沙歐・莫那飲彈負重傷，請求長兄砍下首級，其兄不忍，由族人代為了結生命。

馬紅・莫那（一九〇七～一九七三）	莫那・魯道長女。丈夫、兒子、父母、兄弟在事件中全部死亡。莫那・魯道家族唯一存活的悲劇人物。
狄娃斯・魯道（～一九三〇）	莫那・魯道的妹妹，嫁給日人近藤儀三郎，丈夫在花蓮失蹤後，成為棄婦，被視為不祥，無法回到自己的部落。霧社事件發生時與初子一起逃難。為了保護初子不被傷害，自己卻被日軍士兵開槍打死，結束淒苦的一生。
塔達歐・諾干（～一九三〇）	荷歌社頭目，與莫那・魯道一起赴日本觀光，一起參加「薩拉茅事件」。對於日本的文明並不排斥，其女娥賓受日人栽培對他而言是一件值得驕傲的事。當莫那要求他發起抗爭時，他拒絕並且表示絕無成功的可能，但仍在最後一刻加入戰鬥並戰死，成為第一個戰死的頭目。
娥賓・塔達歐（一九一四～一九九六）	賽德克霧社群荷歌社頭目塔達歐・諾干的長女。在日人撫育政策下，在埔里尋常小學校高等科就學，被日人老師取名為高山初子。在日人的安排下嫁給了花岡二郎。霧社事件後受到日本人安排嫁給中山清。為了部落的族人，她選擇當一名助產士，一直為族人所敬佩。

拉奇斯·諾敏

（一九〇八～一九三〇）

荷歌社人，日名花岡一郎，為日本教化、撫育下的第一個「模範番丁」。小學校課科畢業後再轉入台中師範學校，畢業後任霧社分室乙種巡查。個性寡言保守，霧社事件時他在族人情感與日人恩惠中為難爭扎，最後選擇自殺一途。

拉奇斯·那威

（一九一一～一九三〇）

荷歌社人，日名花岡二郎，與花岡一郎不是親兄弟，但同樣在日人撫育政策下成為模範原住民。埔里小學校高等科畢業後，在霧社警察駐在所任「警丁」（警察最低階），並在日人安排下與初子結婚。事件中和一郎一樣陷於「義」、「恩」的內心衝突。為了完成以生命保護初子的諾言，請求初子與遺腹子繼續生存下去，自己則是選擇自殺身亡。

比荷·沙波

（一九〇〇～一九三〇）

荷歌社人，說服莫那·魯道發起各部落聯合抗日，為事件主要策動者之一。為使抗日陣線擴大，曾前往霧社群主力部落巴蘭社勸誘頭目率族人加入抗日陣營，惜未有結果。後被日人逮捕處死。

比荷·瓦歷斯

（一九〇〇～一九三一）

荷歌社人，從小目睹一家人被日人殺死，而後日日伺機報仇。日本人眼中標準的「不良番丁」，被莫那收養。與比荷·沙波同是霧社事件最早的策動者。在歸順儀式被捕，遭日警折磨而死。

比荷・瓦歷斯（一九一六～一九八二）	荷歌社人，霧社事件中被好友的父親——日人小島源治所救，成為其義子，日本名字為中山清。後在川中島娶高山初子，台灣光復後改名高永清，曾任仁愛鄉長、省議員。
鐵木・瓦歷斯（～一九三〇）	賽德克族道澤群總頭目，與德克達雅群素來不合，又在日本警察的脅迫下，追擊莫那・魯道等反抗的部落。在一次偷襲中，遭到抗日原住民的埋伏，鐵木・瓦歷斯被莫那・魯道殺死並被割去頭顱。
佐塚愛祐（一八八六～一九三〇）	在日本軍隊退伍後，拋棄日本妻子，來台成為「理番」警察。娶白狗社頭目之女為妻，任白狗社駐在所主管，在內山服勤二十一年，政績顯著，霧社事件那年升調霧社地區最高政長官，即霧社分室主任。霧社事件中被砍頭身亡。
小島源治（一八八五～一九八三）	隨兄來台任「理番」警察，其兄被原住民獵首。大部分時間任職於「道澤駐在所」，霧社事件時阻止道澤群與抗日部落聯盟。念小學的次子在霧社公學校被殺害，但他救了兒子好友中山清。是「二次霧社事件」的策動者之一。
吉村巡查	馬赫坡製材所巡查，霧社事件發生的導火線。
杉浦巡查	馬赫坡駐在所巡查，霧社事件第一位犧牲者。

巡跡探訪霧社

(一)史蹟深度之旅：埔里→清流部落（餘生紀念館）→霧社街→人止關→莫那魯道紀念公園→馬赫坡古戰場休閒步道

建議至清流部落前先與當地文史工作者聯繫，預約導覽人員。
清流部落網址：www.e-tribe.org.tw/gluban

(二)史蹟自然之旅：埔里→碧湖→山居湖畔→春陽部落→雲龍橋→廬山溫泉

於景觀民宿「山居湖畔」可遠眺碧湖、春陽部落之美。
山居湖畔網址：www.lmigu.tw

乘車資訊：高鐵或台鐵台中站→搭乘南投客運（往日月潭）→埔里酒廠→轉搭南投客運（往松岡）→霧社站

圖二十四　南投縣仁愛鄉霧社史蹟地圖

仁愛鄉周邊景點

村落	景點
力行	紅香溫泉
發祥	瑞岩溫泉、紅香溫泉、紅葉國民小學
新生	惠蓀農場
互助	泰雅渡假村、互助國民小學
南豐	夢谷瀑布、人止關
大同	莫那魯道紀念碑、介壽亭、仁愛國中、清境農場、梅峰農場
春陽	春陽國民小學、春陽溫泉
精英	平靜國民小學、雲龍橋、廬山溫泉、馬赫坡古戰場
合作	昆陽（太魯閣國家公園界碑）
親愛	親愛國民小學、碧湖（萬大水庫）、奧萬大
萬豐	萬豐國民小學、曲冰遺址、武界水庫
法治	武界水庫
中正	中正國民小學

圖二十五　仁愛鄉各村景點一覽

台灣先住民——原住民十四族

族別	分布區	約略人口	特色
泰雅族	北部山區直至濁水溪	約八萬人	1. 原住民運動的主力。 2. 擁有美麗的文面文化。 3. 以米飯為主要食糧，發明獨特的竹筒飯。 4. 衣服多為紅色，有菱形花紋。 5. 搶婚儀式。
排灣族	南部山區	約九萬人	1. 貴族制度，以巫術聞名。 2. 極具藝術創作活力，精於雕刻與織繡。服飾華麗。 3. 精神象徵為百步蛇；太陽與百步蛇的子孫。 4. 牡丹社族群即是排灣人。
魯凱族	排灣族西北	約一萬兩千人	1. 分三群，較為鬆散的貴族制度。 2. 受排灣族文化影響深。精神象徵為百步蛇、野百合花；雲豹的子孫。 3 荷據時期與荷蘭人有通婚紀錄。

族別	分布區	約略人口	特色
卑南族	排灣族東北	約一萬兩千人	1. 原住民研究的主要對象。以少年猴祭、大獵祭著名。 2. 受排灣族文化影響深，巫術盛行。 3. 斯巴達式訓練。 4. 卑南王曾被清廷冊封。
布農族	介於前四族之間的東半部	約五萬人	1. 與泰雅族的起源地同在大霸尖山。 2. 紅葉少棒隊和八部合音世界知名。 3. 原住民傳統中祭儀最多的一族。
鄒族	介於前四族之間的西半部	約七千人	1. 與布農族呈混居狀況。 2. 分為南北鄒族，彼此語言不通。 3. 以歌曲「高山青」聞名於世。
阿美族	東部海邊	約十八萬七千餘人	1. 台灣原住民中人數最多的一族。 2. 與噶瑪蘭族關係密切，文化、語言有許多相似之處。以「豐年祭」聞名。 3. 野菜料理極多。

族別	分布區	約略人口	特色
達悟族（雅美族）	蘭嶼	約四千人	1. 一九九八年改稱「達悟族」。 2. 日治以來被刻意當成保留區。 3. 以飛魚祭、丁字褲、有眼睛的獨木舟、長髮美女的甩頭舞著名。
賽夏族	新竹香山區	約六千人	1. 台灣原住民中分布範圍最狹窄的一族。 2. 矮靈祭使其文化仍可延續，但已泰雅化，其文化呈混合狀況。 3. 擁有矮黑人的傳說。
邵族	日月潭一帶	約七百人	1. 與漢族接觸最早，曾被歸類為平埔族。 2. 曾是水沙連地區最有勢力的族群。 3. 湖上杵歌是日月潭八景之一。
噶瑪蘭族	宜蘭平原，並及花蓮新社一帶	約一千兩百人	1. 二〇〇二年正式獲得台灣官方認可。族群意識強烈，宗教信仰及文化祭儀十分鮮明。 2. 最晚漢化的平埔族。 3. 《少年噶瑪蘭》被譯成日文版小說、改編成動畫。

族別	分布區	約略人口	特色
太魯閣族	花蓮縣秀林鄉、萬榮鄉及少部分卓溪鄉立山、崙山等地	約兩萬六千人	1. 二〇〇四年從泰雅族獨立分出，與賽德克族關係密切。 2.《太魯閣族自治法草案》為第一個原民自治法草案。
撒奇萊雅族	花東縱谷北端	約五百五十人	1. 為躲避衝突故意隱入阿美族，二〇〇七年才從阿美族獨立分出。 2. 台灣原住民中人數最少的一族。 3. 崇拜火神。
賽德克族	南投縣仁愛鄉	約七千人	1. 二〇〇八年從泰雅族獨立分出。 2. 因霧社事件聞名於世。 3. 分三個語群，族名有不同的羅馬拼法，原住民委員會採Sediq拼法。

仁愛鄉原住民分布狀況

村落	部落	族群
翠華村	華崗	外省遷入
	翠巒	泰雅族
力行村	馬力巴	泰雅族
發祥村	紅香 瑞岩 慈峰	泰雅族
新生村	眉原	泰雅族
互助村	中原 清流	賽德克族 德克達雅群
南豐村	眉溪	賽德克族 德克達雅群
榮興村		外省遷入
春陽村	春陽	賽德克族道澤群
精英村	廬山	賽德克族土魯閣群
	平靜 平和	賽德克族道澤群
合作村	平生 靜觀	賽德克族土魯閣群
親愛村	萬大	泰雅族
	松林	賽德克族土魯閣群
	親愛	泰雅族

村落	部落	族群
大同村	霧社	賽德克族
	清境	（雲南）擺夷族
萬豐村	萬豐	布農族
法治村	武界	布農族
中正村	中正	布農族

圖二十六　南投縣仁愛鄉原住民分布圖

非常檔案——霧社揭祕

一、早期霧社事件研究概況

年代	研究者	著作	特點
一九五〇	劉枝萬	《台灣日月潭史話（附霧社事件）》、《南投縣革命志稿》	戰後最早奠基在日文文獻上書寫霧社事件的人士。將霧社事件定位於「山胞抗日史」，以「附錄」的方式收錄於地方志。但添加了漢人對鼓動原住民反抗的非歷史片段，故觀點有其限制。
一九七七	陳渠川	《霧社事件》	以文學筆法書寫歷史，符合戰後台灣人「國族論述」抗日史觀。但將花岡一郎塑造為抗日英雄，且受限於當時認知，在書中令花岡兩人自稱「泰雅」，不符合史實。較特別的是由花岡一郎的同學李丁為之寫序。
一九八一	戴國煇	《台灣霧社蜂起事件：研究與資料》	集當時日本研究霧社事件的大成，為一本研究成果和相關資料的合集。在中國少數民族的大架構中思考霧社事件，認為其研究是為將來的高山族研究者鋪路。

二、呈現霧社事件的文本

形式	作者與出版時間	出版品	特點
漫畫	邱若龍（一九九〇）	《霧社事件——台灣第一部調查報告漫畫》	從賽德克耆老的訪談和田野調查入手，可說是站在賽德克族的觀點書寫歷史，並引導讀者認識賽德克族的傳統信念。普及了台灣社會對霧社事件的認知，並催生了電影《賽德克．巴萊》。
小說	舞鶴（一九九七～一九九九）	《思索阿邦．卡露斯》、《餘生》	作為一個漢人，以自外於原住民的眼睛，試圖表達出原住民的內心世界。
報導文學	鄧相揚（一九九八～二〇〇〇）	《霧重雲深》、《霧社事件》、《風中緋櫻》	大量使用照片，並以情節曲折的文字生動敘述霧社事件相關人物及其家庭經歷。史實敘述雖不夠精確，但透過田野調查，與書中人物第一手接觸，具有「內在消息」與「親近性知識」的優點。

註：以上資料整理自周婉窈，〈試論戰後台灣關於霧社事件的詮釋〉。

參考資料

一、專書

1. 鄧相陽，《霧重雲深——霧社事件後，一個泰雅家庭的故事》，台北，玉山社，二〇〇四（一九九八年初版）。
2. 台灣省文化基金會，《博物館在我家——台灣寶物追查團：從部落出發霧社事件文物專輯》，二〇〇四。
3. 黃玲華，《台灣原住民運動的國會路線》，國家展望文教基金會，二〇〇五。
4. 廖宜方，《圖解台灣史》，易博士文化，二〇〇六。
5. 鄧相揚，《風中緋櫻——霧社事件真相與花岡初子的故事》，台北，玉山社，二〇一〇（二〇〇〇年初版）。
6. 王御風，《圖解台灣史》，好讀出版有限公司，二〇一〇。
7. 吳密察，《台灣史小事典》，遠流出版公司，二〇一〇。
8. 葉施平，《名師開講中外歷史小事典》，鴻漸文化，二〇一〇。

9. 劉河北，《台灣歷史事件簿》，鴻漸文化，二〇一一。

二、期刊論文

1. 藤井志津枝，〈一九三〇年霧社事件之探討〉，《台灣風物》，三四：二，民國七十三年六月，頁六一～八三。

2. 戴國煇作，楊鏡汀譯，〈霧社事件與毒瓦斯〉，《史聯雜誌》，八，民國七十五年六月，頁一〇五～一一〇。

3. 近藤正已著，張旭宜譯，〈台灣總督府的「理番」體制和霧社事件〉，《台北文獻直字》，一一一，民國八十四年三月，頁一六三～一八四。

4. 柳本通彥著，林淑惠譯，〈霧社證言——Obin Tadao〔初子〕的半生（上）〉，《台灣史料研究》，七，民國八十五年二月，頁一五二～一七九。

5. 柳本通彥著，林淑惠譯，〈霧社證言——Obin Tadao〔初子〕的半生（下）〉，《台灣史料研究》，八，民國八十五年八月，頁一六七～一八一。

6. 鄧相揚，〈霧社事件七十週年紀念〉，《水沙連》，二一，民國九十年一月，頁一二～一一九。
7. 鄧相揚，〈風中緋櫻：霧社事件真相及花岡初子的故事〉，《水沙連》，二一，民國九十年一月，頁二〇～二九。
8. 何輝慶，〈一九三〇年霧社事件——從一件當年的非常郵便談起〉，《中國郵刊》，七六，民國九十二年八月，頁三四～三六。
9. 何聰明譯，〈日本人筆下的「霧社事件」〉，《台北文獻直字》，一四六，民國九十二年十二月，頁三〇五～三一〇。
10. 鄭靜穗，〈Gaya精神的展現與彰顯——論鍾肇政霧社事件系列書寫之詮釋觀點〉，《台北教育大學語文集刊》，一五，二〇〇九年一月（民國九十八年一月），頁一三三～一六五。
11. 周婉窈，〈試論戰後台灣關於霧社事件的詮釋〉，《台灣風物》，六〇：三，二〇一〇年九月（民國九十九年九月），頁一一～五七。
12. 池田大作，〈第三十六屆「SGI日」紀念建言——奏響創造性的生命凱歌（上）〉，正因文化《教學研習》，二四二，二〇一一年七月，頁一〇～二六。

三、博碩士論文

1. 林淑媛，《霧社事件餘辜之研究（一八九五～一九四五）》，東海大學，歷史研究所，民國八〇年，碩士，指導教授：張勝彥、洪敏麟。
2. 許鈞淑，《霧社事件文本的記憶與認同研究》，國立成功大學，台灣文學研究所，民國九十四年，碩士，指導教授：陳萬益。
3. 林文德，《霧社事件影響三群族群關係研究》，國立政治大學，民族研究所，民國九十六年，碩士，指導教授：傅琪貽。
4. 傅素春，《霧社事件的歷史、文學、影像之辯證》，國立中興大學，中國文學系所，民國九十六年，博士，指導教授：陳器文、浦忠成。

四、其他

1. 《海牙公約》www.icrc.org
2. 《國際地球憲章》www.earthcharterinaction.org
3. 甘懷真，〈作為和解的霧社事件〉kan.blog.ntu.edu.tw

本書圖表索引

一、表

二、圖

三、照片

我們改寫了書的定義

名譽董事長　王擎天
總經理暨總編輯　歐綾纖
著作人暨發行人　王寶玲

法人股東　華鴻創投、華利創投、和通國際、利通創投、創意創投、中國電視、中租迪和、仁寶電腦、台北富邦銀行、台灣工業銀行、國寶人壽、東元電機、凌陽科技(創投)、力麗集團、東捷資訊

◆台灣出版事業群　新北市中和區中山路2段366巷10號10樓
TEL：02-2248-7896
FAX：02-2248-7758

◆北京出版事業群　北京市東城區東直門東中街40號元嘉國際公寓A座820
TEL：86-10-64172733
FAX：86-10-64173011

◆北美出版事業群　4th Floor Harbour Centre　P.O.Box613
GT George Town, Grand Cayman,
Cayman Island

◆倉儲及物流中心　新北市中和區中山路2段366巷10號3樓
TEL：02-8245-8786
FAX：02-8245-8718

國家圖書館出版品預行編目資料

賽德克巴萊──史實全紀錄／王擎天 著.--
新北市中和區：典藏閣，2011.8〔民100〕
面；　公分

ISBN 978-986-87443-0-1（平裝）
1. 台灣史　2. 賽德克族　3. 民族文化

733.21　　100013749

典藏閣

賽德克巴萊——史實全紀錄

著作代表人 ◤王擎天　　著　作　人 ◤王擎天、王寶玲
總　編　輯 ◤歐綾纖　　美術設計 ◤吳吉昌
副總編輯 ◤陳雅貞　　內文排版 ◤陳曉觀
策劃主編 ◤張欣宇　　特約編輯 ◤朱珮君、吳良容

郵撥帳號 ◤50017206 采舍國際有限公司（郵撥購買，請另付一成郵資）
台灣出版中心 ◤新北市中和區中山路2段366巷10號10樓
電　　話 ◤(02) 2248-7896　　傳真 ◤(02) 2248-7758
ISBN ◤978-986-87443-0-1
出版日期 ◤2011年11月四版第五刷

全球華文共同市場總代理／采舍國際
地址 ◤新北市中和區中山路2段366巷10號3樓
電話 ◤(02) 8245-8786　　傳真 ◤(02) 8245-8718

全系列書系特約展示門市
新絲路網路書店
地址 ◤新北市中和區中山路2段366巷10號10樓
電話 ◤(02) 8245-9896
網址 ◤www.silkbook.com

線上pbook&ebook總代理／全球華文聯合出版平台
主題討論區 ◤www.silkbook.com/bookclub　　● 新絲路讀書會
紙本書平台 ◤www.book4u.com.tw　　● 華文網網路書店
瀏覽電子書 ◤www.book4u.com.tw　　● 華文電子書中心
電子書下載 ◤www.silkbook.com　　● 電子書中心 (Acrobat Reader)

本書由著作人自資出版，委由全球華文聯合出版平台發行。採減碳印製流程並使用優質中性紙 (Acid & Alkali Free) 與環保油墨印刷。